品读

《理论中国》编辑部 编
杨明伟 主编
翟亚柳 副主编

生活·讀書·新知 三联书店

Copyright © 2024 by SDX Joint Publishing Company.
All Rights Reserved.
本作品版权由生活·读书·新知三联书店所有。
未经许可，不得翻印。

图书在版编目（CIP）数据

品读毛泽东 / 《理论中国》编辑部编；杨明伟主编；
翟亚柳副主编 . -- 北京：生活·读书·新知三联书店，
2024.8.(2025.6 重印) -- ISBN 978-7-108-07902-2
Ⅰ . A755
中国国家版本馆 CIP 数据核字第 202493EL55 号

责任编辑	唐明星
装帧设计	薛　宇
责任校对	张国荣
责任印制	董　欢
出版发行	生活·讀書·新知 三联书店
	（北京市东城区美术馆东街 22 号 100010）
网　　址	www.sdxjpc.com
经　　销	新华书店
印　　刷	北京隆昌伟业印刷有限公司
版　　次	2024 年 8 月北京第 1 版
	2025 年 6 月北京第 2 次印刷
开　　本	635 毫米 × 965 毫米　1/16　印张 20
字　　数	220 千字　图 45 幅
印　　数	08,001－11,000 册
定　　价	69.00 元

（印装查询：01064002715；邮购查询：01084010542）

目 录

序 言 / 1

第一编　气魄性格

卷一　"在我身上有些虎气，是为主" / 7
卷二　写《满江红》："小小寰球，有几个苍蝇碰壁" / 22

第二编　节点瞬间

卷三　7月1日：毛泽东的几个瞬间 / 37
卷四　9月9日这一天：从秋收起义到建立新中国 / 49
卷五　遵义会议：翻开了新的一页 / 61

第三编　历史钩沉

卷六　六位亲人是怎么牺牲的？ / 71
卷七　与白求恩不止见过一面 / 85
卷八　新年之际给宋庆龄的一封书信 / 96
卷九　毛泽东亲自转赠的一个特殊书柜 / 102

卷十 从未写过如此"民主颂" / 108

第四编 编辑举要

卷十一 亲自发起、集体编撰《红军长征记》 / 115
卷十二 亲自指导编辑《不怕鬼的故事》? / 124

第五编 传播技巧

卷十三 毛泽东著作中为什么会存在"伪装本" / 135
卷十四 在窑洞中如何对外国人"讲故事" / 144
卷十五 亲自作序：对外传播史上的一件大事 / 151

第六编 说理论辩

卷十六 "写一篇纪念七一的论文" / 165
卷十七 告诉美国国务卿两个理论逻辑 / 175
卷十八 为什么要批驳美国政客的言论 / 183

第七编 治军原则

卷十九 "我们的原则是党指挥枪" / 193
卷二十 为什么要写下"加强纪律性"几句话 / 208
卷二十一 "军民团结如一人，试看天下谁能敌" / 217
卷二十二 毛泽东军事箴言：句句铿锵实用 / 230

第八编　情结流露

卷二十三　曾准备骑马考察黄河、长江全流程 / 239

卷二十四　"希望在不太老之前，到密西西比河中畅游一番" / 250

第九编　总结自省

卷二十五　为什么要提倡"每天都要洗脸" / 265

卷二十六　那个虎年，留七千名干部在京过春节 / 270

第十编　决议评述

卷二十七　主持起草党的第一个历史决议 / 287

卷二十八　三个历史决议中的毛泽东思想 / 300

后　记 / 314

序　言

在毛泽东同志130周年诞辰之际，由中央党史和文献研究院侧重于对外宣介的"理论中国网"编辑部来编写这样一本书，有我们的一些考虑。

毛泽东的名字，深深地印在中华民族伟大复兴历史进程的画卷中，永远铭刻在中国人民的心里，时刻呈现在广大人民群众的口碑上。正如习近平总书记所说："毛泽东同志是伟大的马克思主义者，伟大的无产阶级革命家、战略家、理论家，是马克思主义中国化的伟大开拓者，是近代以来中国伟大的爱国者和民族英雄，是党的第一代中央领导集体的核心，是领导中国人民彻底改变自己命运和国家面貌的一代伟人。"

以毛泽东为主要代表的中国共产党人所创立的毛泽东思想，以独创性理论丰富和发展了马克思列宁主义。毛泽东思想教育了几代中国共产党人，它培养的大批骨干，不仅在新民主主义革命、社会主义革命、社会主义建设时期发挥了重要作用，也为新的历史时期开创和建设中国特色社会主义发挥了重要作用。

邓小平曾经说过：毛泽东思想这个旗帜丢不得，丢掉了实际上就否定了我们党的光辉历史；任何时候都不能动摇高举毛泽东思想旗帜的原则，我们将永远高举毛泽东思想的旗帜前进。

为了读懂毛泽东的伟大，理解毛泽东思想的内涵，我们试图从一些独特的角度和精彩的侧面,与国内外读者一起品读毛泽东。

从他的自我评价和创作的一些诗词中,去品味毛泽东的性格气魄。比如,他为什么要说"在我身上有些虎气,是为主,也有些猴气,是为次"。

从他一生中一些重要的历史节点,去探寻毛泽东在关键时刻的所思所想所为。比如,他警示人们"前途是光明的,道路是曲折的";"中国的历史,从此开辟了一个新的时代"。

从历史尘封的一些片段中,去揭示毛泽东背后鲜为人知的一些事,澄清一些人的疑惑。比如,毛泽东的六位亲人是怎样牺牲的,毛泽东与白求恩到底见过几次面,等等。

从一些传世著作中,去体会毛泽东为什么要亲自发起编辑工作。比如,毛泽东为什么在长征一结束就亲自发起编辑《红军长征记》,为什么在新中国建设的曲折探索中要亲自指导编辑《不怕鬼的故事》,等等。

从一些传播史上的经典案例,去观察毛泽东思想是如何传播出去的,以及他亲自对外讲故事的一些技巧。比如,毛泽东的著作为什么要用"伪装本"来传播,他在小小窑洞中是如何把党的声音传递出去的,等等。

从他亲自撰写的一些文章,去理解他为什么要在历史关头和重要时刻及时站出来说理论辩、反驳谬论。比如,毛泽东为什么要给美国政客们讲两个逻辑、两条定律,为什么要告诫一些人消除对美国不切实际的幻想。

从他提出的一些军事名言,看如何把人民军队锤炼成听党指挥、能打胜仗的队伍。比如,"党指挥枪"的总原则是怎么来的，为什么要"加强纪律性"，为什么军民团结是"我军的胜利法宝"，等等。

从他表达的对国内外重大河流的情怀，了解他对中华民族母亲河的极大关注，以及一个政治家对大国关系的深谋远虑。比如，毛泽东曾准备骑马考察黄河、长江，是怎么准备的；为什么他"希望在不太老之前，到密西西比河中畅游一番"。

从他自省和总结经验的方式，看治党治国的一些智慧和方法。比如，毛泽东为什么对一切腐败现象丝毫不能容忍，提出如不天天"洗脸"，就会"满脸灰尘"。

等等，等等。

总之，我们试图从一些侧面和细节，导引国内外读者，一起来了解毛泽东、理解毛泽东、品读毛泽东。

这就是我们编写这本书的初衷！

《理论中国》编辑部

2023年4月

第一编　气魄性格

卷 一

"在我身上有些虎气，是为主"

在毛泽东出生的韶山冲，有一座虎头山，山上有一个叫虎歇坪的地方。据说毛泽东小的时候经常到这里玩耍；这里也是毛泽东祖坟的所在地。站在虎歇坪放眼四周，这里山岭层叠起伏，前面千山万岭，似乎都在向虎头山作揖。这样的地势和当地的风俗，也引发了许多美丽神奇的传说。

老虎，雄武勇猛，威镇群山，气势豪迈，所向披靡，具有力破万难、一往无前的精神。老虎的这种雄武勇猛之气，毛泽东经常以欣赏的语气谈到，并认为自己也有一些。比如1966年7月8日，他曾在一封信中写道："在我身上有些虎气，是为主，也有些猴气，是为次。"这里所说的"虎气"，主要表现在吞吐天地、气壮山河的豪气，不怕鬼、不信邪、敢作敢为的勇气，倔强刚毅、百折不挠的犟气。

毛泽东在诗词中多次以"虎"为志，在著作和讲话中更是频繁谈"虎"。

让我们从毛泽东有关谈"虎"的话题中，开始品味毛泽东"身上"独有的个性和气魄。

遇到真老虎怎么办?

毛泽东从11岁开始,独自走山路,从韶山的滑油潭山冲里沿山中崎岖小道走到棠佳阁外婆家。据韶山冲的老人回忆,毛泽东曾有三次在路上遇到老虎,但都安全归家了。

滑油潭是毛泽东走近路去棠佳阁外婆家的必经之路,这里群峦起伏,纵横交错,山谷幽深、寂静,经常有豺狼虎豹出没。一次,正值冬天,毛泽东从棠佳阁外婆家回来,为了不让母亲担心,早点进屋,毛泽东又从滑油潭山冲里走,当他行走到书堂山底下时,遇到一只猛虎……这件事,有后人以文学的笔法,作了这样的故事性转述:

"吼……"一头威武雄壮的大老虎,坐在半山腰上朝着空中大叫一声,毛泽东听了,不由得后退一步,他急忙躲到树后隔远望去,老虎头上色彩斑斓的"王"字清晰可见,全身呈现出褐黄色和黑色横纹,虎眼圆瞪,威风凛凛。硕大的老虎离他只有二十丈远,周围的柴草被一条时而翘起摇摆、时而垂下横扫的大尾巴扫得沙沙作响。

毛泽东记得他爷爷毛冀臣说过,路遇老虎,一是不要心慌,你不惹虎,虎不伤你。二是走两边绕过,因为老虎没有人类的智商,只知道走直路,不走弯路。毛泽东小心地、慢慢地从树背后走了出来,沿山路小跑回家。说也奇怪,你不惹它,它不惹你,这只老虎眼睁睁地望着他走了,一直坐在那里未动。"人不犯我,我不犯人",老虎不但"不犯人",最后还乖乖地"撤退"了。

韶山冲里后人的这些描述,当然带有一些演绎的成分。

对这样的事,毛泽东本人于1936年10月曾经在与斯诺的谈

话中提到过,但他只回忆了自己父亲的经历:

> 有一天,我父亲出门去收一些款子,路上遇见一只老虎。老虎突然遇见人,立刻逃跑了。然而对此更加感到惊异的却是我父亲。事后他对自己这个奇迹般的脱险思考得很多。他开始怀疑自己是不是冒犯了神明。从此,他对佛教比较敬重了,间或也烧些香。然而,当我变得越来越不信神的时候,老头儿也并不干涉。他只是在自己处境不顺当的时候,才祷告一番。

不赞同"从老虎口里讨碎肉"

1919年7月14日,毛泽东写了一篇《各国的罢工风潮》的评述文章,里面提到法国的克列孟梭(1841—1929)强权政府,这个法国资产阶级政治家外号"老虎",曾参与起草《凡尔赛和约》。毛泽东在文中表达了这样的观点:

> 从老虎口里讨碎肉,是不能够的。

这是目前所见到的毛泽东首次以"老虎"作为比喻,评述外国政治的文章。

1920年3月12日,毛泽东在致黎锦熙的信中,再次表达了这样的观点:

> 弟于吾湘将来究竟应该怎样改革,本不明白。并且湖

南是中国里面的一省，除非将来改变局势，地位变成美之"州"或德之"邦"，是不容易有独立创设的。又从中国现下全般局势而论，稍有觉悟的人，应该就从如先生所说的"根本解决"下手，目前状况的为善为恶，尽可置之不闻不问，听他们去自生自灭。这样支支节节的向老虎口里讨碎肉，就使坐定一个"可以办到"，论益处，是始终没有多大的数量的。——不过，这一回我们已经骑在老虎背上，连这一着"次货"——在中国现状内实在是"上货"——都不做，便觉太不好意思了。

"一切反动派都是纸老虎"

1946年8月6日，61岁的美国进步作家和记者安娜·路易斯·斯特朗到延安杨家岭采访中共中央主席毛泽东。斯特朗采访毛泽东的第一个问题是国共两党达成的政治解决的前景如何，第二个问题是美国是否可能举行反苏战争，第三个问题是有关对原子弹的看法。

当斯特朗问到"如果美国使用原子炸弹呢？如果美国从冰岛、冲绳岛以及中国的基地轰炸苏联呢？"这个问题时，毛泽东发表了后来震惊世界的一篇著名谈话——《一切反动派都是纸老虎》，其中说道：

> 原子弹是美国反动派用来吓人的一只纸老虎，看样子可怕，实际上并不可怕。当然，原子弹是一种大规模屠杀的武器，但是决定战争胜败的是人民，而不是一两件新式武器。

一切反动派都是纸老虎。看起来，反动派的样子是可怕的，但是实际上并没有什么了不起的力量。从长远的观点看问题，真正强大的力量不是属于反动派，而是属于人民。在一九一七年俄国二月革命以前，俄国国内究竟哪一方面拥有真正的力量呢？从表面上看，当时的沙皇是有力量的；但是二月革命的一阵风，就把沙皇吹走了。归根结蒂，俄国的力量是在工农兵苏维埃这方面。沙皇不过是一只纸老虎。希特勒不是曾经被人们看作很有力量的吗？但是历史证明了他是一只纸老虎。墨索里尼也是如此，日本帝国主义也是如此。相反的，苏联以及各国爱好民主自由的人民的力量，却是比人们所预料的强大得多。

蒋介石和他的支持者美国反动派也都是纸老虎。提起美国帝国主义，人们似乎觉得它是强大得不得了的，中国的反动派正在拿美国的"强大"来吓唬中国人民。但是美国反动派也将要同一切历史上的反动派一样，被证明为并没有什么力量。在美国，另有一类人是真正有力量的，这就是美国人民。

拿中国的情形来说，我们所依靠的不过是小米加步枪，但是历史最后将证明，这小米加步枪比蒋介石的飞机加坦克还要强些。虽然在中国人民面前还存在着许多困难，中国人民在美国帝国主义和中国反动派的联合进攻之下，将要受到长时间的苦难，但是这些反动派总有一天要失败，我们总有一天要胜利。这原因不是别的，就在于反动派代表反动，而我们代表进步。

"在野兽面前,不可以表示丝毫的怯懦"

1949年6月,当中国共产党即将庆祝成立28周年的时候,当中国共产党领导人民即将建立新中国的时候,毛泽东写下了《论人民民主专政》一文。其中在回应有关"一边倒"外交政策时,谈到"对付"国内外反动派即帝国主义者及其走狗们的态度:

"积四十年和二十八年的经验,中国人不是倒向帝国主义一边,就是倒向社会主义一边,绝无例外。骑墙是不行的,第三条道路是没有的。我们反对倒向帝国主义一边的蒋介石反动派,我们也反对第三条道路的幻想。

"'你们太刺激了。'我们讲的是对付国内外反动派即帝国主义者及其走狗们,不是讲对付任何别的人。对于这些人,并不发生刺激与否的问题,刺激也是那样,不刺激也是那样,因为他们是反动派。划清反动派和革命派的界限,揭露反动派的阴谋诡计,引起革命派内部的警觉和注意,长自己的志气,灭敌人的威风,才能孤立反动派,战而胜之,或取而代之。在野兽面前,不可以表示丝毫的怯懦。我们要学景阳冈上的武松。在武松看来,景阳冈上的老虎,刺激它也是那样,不刺激它也是那样,总之是要吃人的。或者把老虎打死,或者被老虎吃掉,二者必居其一。"

"部队每团都要培养一个夜老虎连"

新中国成立后,在强调人民军队要加强训练、增强部队力量、开展大比武和培养军人血性等问题时,毛泽东也经常用"老虎"来形容。特别是在20世纪60年代指示部队如何开展军事训练时,他说过:"敌人越凶越不要怕它。蒋介石过去不凶?美国不凶?具体到每个战斗的打法就不同了,就要重视它。军队无非是要学会两个东西,一个是会打,一个是会走。会打、会走,军队都要学会。打就吃它一口,吃不了大的吃小的,吃了一口再吃一口。""部队要练夜战、近战,练二百米硬功夫,每团要培养一个夜老虎连。""要注意多搞夜战、近战。在很黑的夜间搞,什么也看不见。什么叫做夜老虎?就是要搞夜战,搞近战,训练部队晚上行军,晚上打仗。"

"'老虎屁股摸不得',那就不好了"

1954年9月14日,毛泽东在《关于辛亥革命的评价》一文中,明确指出:"从社会发展历史上说,辛亥革命确实是一次资产阶级性质的民主革命。"讲到"辛亥革命没有成功,失败了。为什么失败?"时,毛泽东分析说:

"就是因为孙中山的领导集团犯了错误,有缺点。关于这一点,孙中山有过自我批评,国民党第一次全国代表大会通过的宣言上曾经说,当时向袁世凯妥协是不对的。国民党在第一次代表大会上都做了批评,现在我们就不能批评吗?我们在座的各位是不是圣人?要说是圣人嘛,圣人就多得很;要说不是圣人嘛,我看圣人也就一个没有。人总是有缺点的,总是要犯错误的,只是不要错得太多就是了。比如当主席,说十句话错了六句,错了百分之六十,那他的主席就当不成了。要说一句话都不错,没有那回事。写文章,总是改来改去,如果不错,何必改呢?做一篇文章,往往要犯很多错误。过去我到过上海,上海那个地方很复杂，我经常走错路，总是犯错误。凡是我有了错误，希望能及时得到朋友们的批评和纠正。一个人总是会有许多缺点的。如果觉得自己一点缺点也没有，'老虎屁股摸不得'，那就不好了。要做到'言者无罪，闻者足戒'。我们是靠老实吃饭，不靠摆架子吃饭。当然，在帝国主义面前，在艾德礼（英国前首相——引者注）等人面前，还是可以'摆摆架子'的，但靠摆架子吃饭就不好了。如果共产党的领袖人物就说不得，各民主党派、人民团体的领导人物就说不得，那就不好了。"

毛泽东也多次针对干部要能够听取不同意见、特别是听取批评意见的问题，以"老虎"为例。他指出："我们有些同志，听不得相反的意见，批评不得。这是很不对的。""对于工作中的缺点错误，就要担起责任。不负责任，怕负责任，不许人讲话，老虎屁股摸不得，凡是采取这种态度的人，十个就有十个要失败。人家总是要讲的，你老虎屁股真是摸不得吗？偏要摸！"

美国帝国主义"在铁老虎的形式中包含纸老虎的实质"

1955年4月29日，毛泽东与来访的英国共产党主席波立特之间，有过一段关于如何看待战争与和平、如何看待美国帝国主义的对话。他说：

> 我们对美国的看法，可以说是可怕，但又不可怕。美国手里有几颗原子弹，如果说不怕它，那末我们为什么要搞和平运动呢？但其实又不可怕。目前美国在广大的中间地带，从东京到伦敦建立军事基地，把三百万军队中的一百多万人

都钉在这些基地上，动都动弹不得。这不像是个打仗的架势。美国实行着实力政策，如果真的打起来，首先中间地带就完了。但是，这广大中间地带的人民中，亚非两大陆就有十四个亿，还有欧洲的人民，都是我们反对美国侵略的同盟者。所以我们在国内和国际方面都有很多工作可做，美国最后必定要被孤立起来。在其他国家中支持美国战争政策的人也会愈来愈孤立，这些人可能每个国家内都有，像蒋介石这样的人我想英国也有。

目前的问题是和平还是战争？战争打起来，资本主义制度就会早些完蛋；如果不打，还可以多活几年。

我们称美帝国主义为纸老虎，它还叫嚣，不相信。可以这样说，战争如果打起来，在战争初期和表现形式上，它可能是铁老虎，可是到后来便会成为纸老虎。因为美帝国主义不得人心，人民反对它，它只能是在铁老虎的形式中包含纸老虎的实质。希特勒也是如此的，但纸老虎的成分美帝国主义还多一点。美国的军队到处不受人欢迎。美国有三百万军队，驻在世界各地却有一百五十万。这样把自己的力量钉死了，无法打仗。看样子美国现在是想霸占些地方，不一定就会打起仗来。只要有五十年的和平，我们便可进行十个五年计划。同时在五十年间，在美国控制下的各国人民无法容忍，便要起来摆脱美国的控制。但是美帝国主义真的要打，我们也不怕。我们不要打，它打来，那末便要扫它几下。在亚、非、欧，扫它是有把握的。如果打起来，三个洲都会变成一个腔调。因为我们有力量，对帝国主义我们并不怕。

我们要努力阻止战争的爆发。万一战争无法阻止，准备打他几年，把战争从三个洲的土地上扫出去。第一次世界大战只打了四年，第二次大战打了五六年，第三次大战准备打上十年吧。自人类有史以来，只打过两次世界大战。第一次打出个苏联来，第二次打出八亿人口的人民民主国家。自第二次大战后还出现了两类新的国家：第一类是中国及人民民主国家，第二类是独立及半独立的印度、缅甸、印尼等。所以不待事实出现，就可以作出这样的结论：如果发生了第三次世界大战，资本主义世界就要完结。如果有疯子要发动战争，也没有什么了不起，灭亡的是帝国主义。

1956年7月14日，他在与拉丁美洲人士谈话时，还说过：

美国到处打着反共的招牌，为着达到侵略别人的目的。美国到处欠账。欠中南美国家、亚非国家的账，还欠欧洲、大洋洲国家的账。全世界，包括英国在内，都不喜欢美国。广大人民都不喜欢美国。

现在美帝国主义很强，不是真的强。它政治上很弱，因为它脱离广大人民，大家都不喜欢它，美国人民也不喜欢它。外表很强，实际上不可怕，纸老虎。外表是个老虎，但是，是纸的，经不起风吹雨打。我看美国就是个纸老虎。

整个历史证明这一点，人类阶级社会的几千年的历史证明这一点：强的要让位给弱的。美洲也是这样。

只有帝国主义被消灭了，才会有太平。总有一天，纸老虎会被消灭的。但是它不会自己消灭掉，需要风吹雨打。

我们说美帝国主义是纸老虎，是从战略上来说的。从整体上来说，要轻视它。从每一局部来说，要重视它。它有爪有牙。要解决它，就要一个一个地来。比如它有十个牙齿，第一次敲掉一个，它还有九个，再敲掉一个，它还有八个。牙齿敲完了，它还有爪子。一步一步地认真做，最后总能成功。

从战略上说，完全轻视它。从战术上说，重视它。跟它作斗争，一仗一仗的，一件一件的，要重视。现在美国强大，但从广大范围、从全体、从长远考虑，它不得人心，它的政策人家不喜欢，它压迫剥削人民。由于这一点，老虎一定要死。因此不可怕，可以轻视它。但是，美国现在还有力量，每年产一亿多吨钢，到处打人。因此还要跟它作斗争，要用力斗，一个阵地一个阵地的争夺。这就需要时间。

看样子，美洲国家、亚洲非洲国家只有一直同美国吵下去，吵到底，直到风吹雨打把纸老虎打破。

"破除对西方的迷信"，"打老虎要讲究拳法"

1958年9月2日，毛泽东在会见巴西记者马罗金和杜特列夫人时，外宾问到如何看待美国对中国的禁运问题，毛泽东回答："对我们说来，没有影响，好处甚大。"

外宾问到"主席对国际形势是乐观还是悲观"，毛泽东回答："西方国家要达到它们的目的是很困难的。它们的目的是要统治一切可能统治的地方，但是它们到处受到抵抗。它们这些殖民国家结成一体，自称为西方国家。从地理上看，巴西也算西方国家；但是，从政治上看，它们所说的西方国家，实际上只是美国、英国、法国、意大利、比利时、西德、荷兰等等。西方世界的太阳是傍晚的没落的太阳，亚洲、非洲、拉丁美洲的太阳是早晨的上升的太阳。帝国主义历来就是吓唬人的，有时也动手打人，我们就是不要被它们吓倒，不要怕它们。对西方的崇拜是一种迷信，这是由历史形成的，现在这种迷信正在逐渐破除。说西方是先进的，这也是一种迷信；恰恰相反，它们是落后的。自然，它们有一点东西，无非是几斤钢铁和几个原子弹；其实这也没有什么了不起，因为它们在政治上是落后的，是腐败的，是低级趣味的，所以我们看不起它们。""他们虽然有钢铁和原子弹，但是这些东西是拿在落后的人手里，拿在垄断资本家手里；他们一时耀武扬威，最后总是要垮下去的。破除对西方的迷信，这是一件大事，在亚洲、非洲、拉丁美洲都要进行。在我们国家也要继续破除这种迷信。"

在与巴西客人的这次谈话中，毛泽东还特别谈到了如何对待"纸老虎"的问题，他说：

"我说的是，要在战略上蔑视帝国主义，把帝国主义看成纸老虎，不算数；但是在战术上和在每件具体工作上，却要重视它们，要认真地对待它们。帝国主义由真老虎变成半真半假的老虎，再变成完全的假老虎，即纸老虎，这是一个事物走向反面的转化过程，我们的任务就是要促进这个过程。在这个过程结束之前，老虎还可能要活一个时期，还能咬人。因此，打老虎要一拳一拳地打，要讲究拳法，不能大意。"

在毛泽东的众多谈话和文章中，数次地以"老虎"为题，人们熟知和印象深刻的谈话，就是关于"帝国主义和一切反动派都是纸老虎"的论述。1958年12月1日，毛泽东发表了《关于帝国主义和一切反动派是不是真老虎的问题》的谈话，再次回答"帝国主义和一切反动派是不是真老虎的问题"。他的回答是：

"既是真的，又是纸的，这是一个由真变纸的过程的问题。变即转化，真老虎转化为纸老虎，走向反面。一切事物都是如此，不独社会现象而已。我在几年前已经回答了这个问题，战略上藐视它，战术上重视它。不是真老虎，为什么要重视它呢？看来还有一些人不通，我们还得做些解释工作。"

"七分虎气，三分猴气"

对于自身的特点，毛泽东曾经有过很多的评价，其中有一个说法，叫"七分虎气，三分猴气"。正如他在1966年的一封信中所说："在我身上有些虎气，是为主，也有些猴气，是为次。"

有学者解读了毛泽东对自己的这种评价：所谓虎气，有很多种解释，这里可以理解为原则性，是一种立场；所谓猴气，则是指灵活性，可以理解为战术层面上的东西。

应当说，在一些重大的战略问题上，在一些涉及国家、民族利益的根本问题上，毛泽东是从来不妥协的，是一个原则性非常强的人。比如当年赫鲁晓夫来谈联合舰队的问题，毛泽东不仅寸步不让，而且发了很大的脾气，因为这涉及中国的主权问题。

再比如说新中国成立前夕，面对美国的封锁，毛泽东同样没有丝毫的妥协。他在评论美国国务院白皮书的时候，曾经这样写道："封锁吧，封锁十年八年，中国的一切问题都解决了。中国人死都不怕，还怕困难吗？"所以说在这些涉及党和国家、民族利益的重大问题上，毛泽东的原则性都非常强。

但在另一些战术问题上，或者说在一些具体问题的处理上，毛泽东的灵活性又特别地强。他的成功之道，说白了，就是两个字——"务实"。用他自己的话来说，也就是一切从实际出发，实事求是。只要事情能办成，可以根据实际情况采取一些灵活多样的方法。

毛泽东是一个诗人。他的诗词也充满了虎气和猴气。如早年的《咏蛙》诗："春来我不先开口，哪个虫儿敢作声？"

离开韶山冲的时候，他改写的诗词："孩儿立志出乡关，学不成名誓不还。埋骨何须桑梓地，人生无处不青山。"

到了长沙，书生意气，挥斥方遒，于是又写道："问苍茫大地，谁主沉浮？"结论是："自信人生二百年，会当水击三千里。"

到陕北，是"数风流人物，还看今朝"！

新中国成立以后，则是"换了人间"！

这些还不是虎气？

当然猴气的东西也有很多，"不似春光，胜似春光，战地黄花分外香"。这些阴柔之美、婉约之声，在毛泽东诗词里面，俯拾皆是。

中国人评说一个人，喜欢讲文治武功、文韬武略。文治，他有；武功，他也有。从这样一些事实来看，我们可以说，毛泽东是一个当之无愧的领袖，一个当之无愧的英雄。当然，要用这样一个标准来评价毛泽东，还有一些东西不能回避，那就是他也不是完人，这些不完美甚至失误，或许也与他的虎气和猴气有关联。

总之，毛泽东是一个性格非常丰富的历史伟人。我们研究他，也要具体问题具体分析，许多看似矛盾的东西，在他那里却是内在统一的。在一些战略层面的问题上，他的原则性特别强；但在一些战术层面的问题上，他的灵活性又特别强。他是原则性与灵活性的统一，是虎气与猴气的统一，正所谓"七分虎气，三分猴气"。

（唐洲雁、杨明伟、邹卫韶撰写）

卷 二

写《满江红》:"小小寰球,有几个苍蝇碰壁"

"小小寰球,有几个苍蝇碰壁……"表达的是一种气势!

"一万年太久,只争朝夕……"表达的也是一种气势!

这种气势、气魄,在毛泽东写的一首名为《满江红》的词中表达得可谓淋漓尽致。

2023年,在中华民族历史上著名爱国将领、伟大的民族英雄岳飞920周年诞辰之际,有一部叫《满江红》的电影热映,引发人们对岳飞的极大关注,特别是对岳飞"怒发冲冠""壮怀激烈""莫等闲、白了少年头,空悲切"等爱国主义情怀和忠义仁孝、家国大义的共鸣。

作为近代以来中国伟大的爱国者和民族英雄,党的第一代中央领导集体的核心,领导中国人民彻底改变自己命运和国家面貌的一代伟人毛泽东,也与《满江红》有着不解的缘分。

这里要说的,是毛泽东与《满江红》的两则故事。

唱和一词《满江红》

《满江红》是词牌名,词牌就是词调的名称。"词"原来是歌唱用的唱词,都配有曲调,最早叫作"曲子词",后来发展成为一种特殊的文学体裁，绝大多数的词调都已失传，变得只能吟诵而不能按原调唱了。词的句子大都有长短，字音平仄和押韵方式都有一定的格律，但也有少数词人在个别地方对格律不太严格。词牌最初有一部分是根据词意命名的，后来的作词者大都只按照一定词牌的格律来"填词"，词意不再与词牌有关，而在词牌之外可依词意另标题目。传说《满江红》这一词牌为岳飞所创，主要是颂扬爱国热情的。

2003年12月中央文献出版社重印的《毛泽东诗词集》，共收录毛泽东诗词67首，其中仅有一首冠以《满江红》词牌名，这即是毛泽东于1963年1月9日所作的《满江红·和郭沫若同志》。

郭沫若，四川乐山人，现代著名文学家和历史学家。时任全国人大常委会副委员长、政协全国委员会副主席、中国科学院院长、中国文学艺术界联合会主席，年长毛泽东一岁。

1962年底，在辞旧迎新之际，有感于国内外形势日渐好转，郭沫若应《光明日报》副刊《东风》邀约填写了《满江红》。主题是歌颂党中央和毛主席，以及中国人民在国内外斗争中的大无畏英雄主义气概和不屈不挠的革命精神，对革命前景抱有的必胜信心。

据编辑讲，郭沫若原稿以毛笔楷书工工整整书写，不似通常词作的排列形式，而是在大红格纸内似沿中轴线两边对称排列。字体潇洒，形式也美。编辑部按照郭沫若自己精心设计的独特格式排列，不用标点符号，题目用作者手迹，1963年1月1日在《光明日报》显著位置以文字竖排方式刊出。全文如下：

《光明日报》1963年1月1日第8版刊出郭沫若的《满江红》

满江红

沧海横流　方显出　英雄本色

人六亿　加强团结　坚持原则

天垮下来擎得起

世披靡矣扶之直

听雄鸡　一唱遍寰中　东方白

太阳出　冰山滴

真金在　岂销铄

有雄文四卷　为民立极

桀犬吠尧堪笑止

泥牛入海无消息

迎东风　革命展红旗　乾坤赤

这首词在《光明日报》发表后，郭沫若还将手稿寄呈毛泽东，请毛主席审阅。1月3日，康生也就此事写信给毛泽东。其时，毛泽东正远在杭州西湖侧畔的汪庄。在读到这首词后，或许为词中"沧海横流　方显出　英雄本色"的豪情感染，诗兴迸发，遂立即动手撰写"和词"。据身边工作人员回忆，"当晚他在屋里踱来踱去，时而凝眉沉思，时而昂首吟哦。忽然，他停住脚步，坐在桌前写上几句，又摇摇头，把纸揉成一团，扔进纸篓。在不断地吟哦、写作中，这首名篇诞生了。次日清晨，工作人员发现纸篓已装满大半。即便如此，毛泽东又做过反复修改，直到满意为止。"就这样，经过一个不眠之夜，字斟句酌，改了又改，终成这首大气磅礴、气势恢宏的和词：

满江红·和郭沫若同志

　　小小寰球，有几个苍蝇碰壁。嗡嗡叫，几声凄厉，几声抽泣。欲学鲲鹏无大翼，蚍蜉撼树谈何易。正西风落叶下长安，飞鸣镝。

　　千万事，从来急；天地转，光阴迫。一万年太久，只争朝夕。革命精神翻四海，工农踊跃抽长戟。要扫除一切害人虫，全无敌。

据初步统计，毛泽东一生只写过6首唱和之作，其中，和柳亚子3首，和周世钊1首，这首《满江红》是毛泽东与郭沫若的第二首唱和，充分显示毛泽东对郭沫若原词的共鸣以及对词作者的尊重，体现了他们之间的深厚友情。

和词写就的当天，毛泽东乘兴挥毫，即先书赠给正在杭州养病的周恩来一帖，以示亲切慰问，并题上"书赠恩来同志"，又细心地附笔告之"郭词见一月一日光明日报"。他同日还寄一帖给在北京的郭沫若和康生，在致康生的信中说："郭词很好，即和一首，请郭老和你为之斧正。"和词当时并未发表，只在北京一些同志间传抄传诵。

毛泽东对自己所写诗词，一向要求极其严格，总要字斟句酌，仔细推敲，反复修改，务求精益求精，生前几乎没有一首未经修改就公开发表的。这首和词，也是经过反复推敲，多次修改定稿后才正式发表。

比如，初稿上阕中的"欲学鲲鹏无大翼"，先曾改作"蚂蚁聚槐称大国"，最后改定为"蚂蚁缘槐夸大国"。原句只是一般地描绘出妄自尊大的样子，修改后，更加鲜明地勾画出目空一切、称王称霸的神态。至于"称大国"改作"夸大国"，则更含讽刺意味，使人感到"蚂蚁"的滑稽可笑。

下阕中的"革命精神翻四海，工农踊跃抽长戟"，则改为"四海翻腾云水怒，五洲震荡风雷激"，不仅在文学上对仗工整精致，而且在思想深度上，放眼世界，站位更高，气势更大。

3月20日，毛泽东曾打算让《诗刊》公开发表这首和词。为此，他要秘书林克给《诗刊》主编臧克家写了一封信：

"克家同志：主席嘱将他这首《满江红》词送《诗刊》发表。词内用了三个典即：'蚂蚁缘槐夸大国''蚍蜉撼树谈何易''正西风落叶下长安'。请《诗刊》作注后，再送主席阅。主席词发表时，请附郭老原词。"

不知是否因为考虑发表时机问题，其后毛泽东又改变了主意。直到这年12月5日，在审阅准备由人民文学出版社出版的《毛主席诗词》清样时，毛泽东写信给时任中央政治研究室副主任、秘书田家英："'小小寰球'一词似可收入集中，亦请同志们一议。其余反修诗、词，除个别可收入外，都宜缓发。"足见他

卷二 写《满江红》："小小寰球，有几个苍蝇碰壁" 27

《人民日报》1966年12月31日第1版刊出毛泽东的《满江红·和郭沫若同志》手迹

对这首和词的重视和喜爱。

临到年尾，该和词编入人民文学出版社出版的《毛主席诗词》一书，及至1966年12月31日《人民日报》发表手迹时，又做了最后的修改：除了前述上阕"蚂蚁缘槐夸大国"中的"缘"字由"聚"改定外，还将下阕的"千万事，从来急"改定为"多少事，从来急"。经过修改，进一步提高了它的思想性、艺术性。

1964年1月1日，《毛主席诗词》由人民文学出版社和文物出版社同时出版发行。该书共收入毛主席诗词37首，包括这首和词在内的10首均为第一次公开出版。据新华社1月4日电讯，1月1日开始发行的《毛主席诗词》8万册，已被读者竞购一空。新华书店原来计划印行50万册，现在决定再加印30万册，以满足各地读者的迫切需要。

《毛主席诗词》出版后，外文出版社立即组织翻译出版该书英译本。1964年1月27日，应英译者的请求，毛泽东就自己诗词中一些理解上有分歧的词句，一一做了口头解释，共有32处，包括这首和词中的"蚂蚁缘槐夸大国""正西风落叶下长安，飞鸣镝""天地转，光阴迫。一万年太久，只争朝夕"。

同毛泽东的其他诗词一样，这首和词不仅深受国内读者的喜爱，而且走向世界，在世界各地传播，产生了广泛影响。1972年，美国总统尼克松访华。当年2月21日，毛泽东在中南海游泳池的书房里会见尼克松。这是中华人民共和国成立后中美两国最高领导人的首次会晤。原定15分钟的会见时间延长到70分钟。尼克松在其回忆录中写道：

"毛很活跃，紧紧抓住谈话中的每一个细微含义，但我看得出他很疲劳了。周越来越频繁地偷看手表，于是我决定设法结束这次会谈。

"'主席先生,在结束的时候,我想说明我们知道你和总理邀请我们来这里是冒了很大风险的。这对我们来说也是很不容易作出的决定。但是,我读过你的一些言论,知道你善于掌握时机,懂得只争朝夕。'

"听到译员译出他自己诗词中的话,毛泽东露出了笑容。"

当天晚上,在北京人民大会堂的欢迎宴会上,尼克松在答谢周恩来的祝酒词时,又一次引用毛泽东《满江红》中的词句:

"毛主席写过:'多少事,从来急;天地转,光阴迫。一万年太久,只争朝夕。'

"现在是只争朝夕的时候了,是我们两国人民攀登伟大境界的高峰,缔造新的、更美好的世界的时候了。"

喜听一曲《满江红》

20世纪70年代中期前后,当人们还习惯于在中央新闻纪录片中看到神采奕奕的毛泽东熟悉的面孔时,却并不知道因患严重的白内障,他已经有很长时间看不清东西了。

多年来毛泽东一直坚持每天看书读报、自己批阅文件和动手写文章。眼病致使视物模糊,令他十分痛苦和不便。起初,毛泽东没有马上找医生检查,也不让身边的工作人员对外讲这件事。后来实在看不清东西时,才不得已让秘书代读文件、书报等,有时还要秘书按他的意思在文件上画圈。

1974年8月间,经来自全国各地的眼科专家确诊:毛泽东双眼都患有老年性白内障,以右眼为重,左眼稍轻。白内障是眼球内透明晶体发生浑浊现象，当时没有快速有效的治愈方法，需要等透明晶体成熟后，才能进行手术治疗。

这时，毛泽东的右眼只是稍存光感，仅能辨别光线方位及不同色泽的光亮。手不释卷的毛泽东，单靠稍好的左眼来工作。医生给他服用药物，并配合滴用眼药水，但不能从根本上消除病症。根据医生的建议，中央政治局决定让毛泽东继续休养一段时间，随时检查，待适当时候再做手术治疗。

1975年2月，毛泽东在杭州汪庄住了两个多月，主要是检查和诊断病情。虽然经过了一段时间的休养，但他的身体并没有好多少：除了双目白内障、说话含混不清外，两腿还时常疼痛，脚也肿得很厉害，行动更加不便。医生建议他尽可能少看书、多运动，因不能外出行走就在室内适当做一些活动。为了诊治毛泽东的眼病，有关专家组成的医疗小组提出多种治疗方案，努力阻止和减缓白内障的发展。眼科专家们一致主张他不能再像过去那样看书和批阅文件了。

为了重新回到有光的世界，82岁高龄的毛泽东，接受了生平第一次手术，却只同意先治右眼，留出病症较轻的左眼坚持阅读和工作。

给毛泽东动手术，无疑是件非同寻常的大事。经过一年多的认真筛选，这项特殊的任务，最终落在北京广安门医院中医眼科医生唐由之身上。手术前，毛泽东提出，手术用的全部器械都要用国产的，一律不要用进口的。于是，医疗组的专家开始为毛泽东白内障手术做准备。从苏州、上海定制了全套手术器械、医疗设备。毛泽东还提出要准备音乐。手术时要听音乐，这是行医多年的唐由之和整个医疗组闻所未闻的特殊要求。在一般人的印象中，手术室要求保持绝对安静，一个平生第一次接受手术的高龄老人，怎么还会对音乐念念不忘呢？

毛泽东是从什么时候开始喜欢音乐的，现已无从知晓。早在延安时期，毛泽东的窑洞里就经常传来阵阵音乐声。或许正是这种对音乐艺术的喜爱，又或许是过去艰难的战争岁月里音乐的始终陪伴，使毛泽东在面临新的挑战时很自然地想到音乐，需要音乐的安慰和鼓励吧。而在众多的乐曲中，陪伴他度过此生第一次也是唯一一次手术的，正是岳飞的《满江红》。

岳飞的这首曾激励一代又一代中华民族仁人志士的《满江红》，同样是毛泽东毕生喜爱、经常吟诵并多次书写的作品。毛泽东曾在各种不同场合多次赞扬岳飞是爱国英雄、民族英雄，对岳飞的民族气节和文韬武略，素来钦佩，极为推崇。

> 怒发冲冠，凭栏处、潇潇雨歇。抬望眼、仰天长啸，壮怀激烈。三十功名尘与土，八千里路云和月。莫等闲、白了少年头，空悲切！

作为伟大的爱国主义者，毛泽东常常感动于甚至震撼于岳飞撰写的这首慷慨悲歌。越到晚年，它越能激发起他深沉的共鸣。

1975年8月21日，毛泽东终于同意对拖延已久的白内障眼病施行手术治疗。这天，在中南海游泳池毛泽东住处，那间由书房临时改造的手术室里，回荡着的是岳飞《满江红》的慷慨豪壮。

演唱者岳美缇，昆曲表演艺术家，唱腔高亢有力，充分表达了一个爱国志士的豪情壮志。更重要的是，她是岳飞的第二十七代孙。在文献纪录片《毛泽东遗物的故事》中，岳美缇回忆：她之所以被认可，她认为一是她的声音，她是唱小生的。用小生的声音表现岳飞三十几岁的时候，声音还有一点像。用旦的声音唱《满江红》，则比较嫩，比较甜。而当时昆曲老生代表是计镇华，她以为老生唱这个慷慨激昂，很豪放，却没有被认可。二是作为岳家的后代，她的唱腔中自然带有一种缅怀的情感。的确，祖先的慷慨悲歌，被岳美缇演绎得响遏行云。难怪喜欢音乐的毛泽东，在平生第一次手术时，会选择这曲壮怀激烈的《满江红》以壮行色。

唐由之回忆：等到15分钟手术做好了，给主席眼睛包好，针抽掉，我说主席已经好了，他说，就好了，我还当着你来麻醉呢。这是我唯一听着音乐做的一次手术，虽然耳边响着音乐，但一句《满江红》都没有听见。手术完毕，心脏病专家过来祝贺我手术成功，并跟我说，他没想到主席的心跳一点没改变。

平生第一次动手术，毛泽东却在音乐中神游身外，物我两忘。如果不是音乐的真正知音，如果不是心灵的超凡旷达，谁又能做到这一点。

众所周知，岳飞由一位农家子弟成长为一名抗金名将，一生征战，功勋卓绝，为国家、为民族宣力半生。《满江红》所代表的民族意志，就是面对强敌入侵，毫不畏惧，秉持必胜信念，敢战善战，精忠报国。毛泽东曾经说过，岳飞为国家和民族建立了伟大功勋，是一个伟大的民族英雄。千百年来，老百姓纪念他，就是崇仰他的精神。

1972年2月，尼克松在与毛泽东会谈时说：

"主席先生，我们大家都熟悉你的生平。你出生于一个很穷的家庭，结果登上了世界上人口最多的国家、一个伟大国家的最高地位。

"我也出生于一个很穷的家庭,登上了一个很伟大的国家的最高地位。历史把我们带到一起来了。我们具有不同的哲学,然而都脚踏实地来自人民……"

2013年12月26日,习近平总书记在纪念毛泽东同志120周年诞辰座谈会上讲话指出:

> 在为中国人民不懈奋斗的光辉一生中,毛泽东同志表现出一个伟大革命领袖高瞻远瞩的政治远见、坚定不移的革命信念、勇于开拓的非凡魄力、炉火纯青的斗争艺术、杰出高超的领导才能。他思想博大深邃、胸怀坦荡宽广、文韬武略兼备、领导艺术高超、心系人民群众、终生艰苦奋斗,为中华民族和中国人民建立了不朽功勋。
>
> 毛泽东同志属于中国,也属于世界。他不仅赢得了全党全国各族人民爱戴和敬仰,而且赢得了世界上一切向往进步的人们敬佩。毛泽东同志的革命实践和光辉业绩已经载入中华民族史册。他的名字、他的思想、他的风范,将永远鼓舞我们继续前进。
>
> 毛泽东同志等老一辈革命家,都是从近代以来中国历史发展的时势中产生的伟大人物,都是从近代以来中国人民抵御外敌入侵、反抗民族压迫和阶级压迫的艰苦卓绝斗争中产生的伟大人物,都是走在中华民族和世界进步潮流前列的伟大人物。

(唐筱菊撰写)

第二编　节点瞬间

卷 三

7月1日：毛泽东的几个瞬间

7月1日，是中国共产党成立的日子。作为中国共产党的创始人之一，每到7月1日这一天，毛泽东都是怎样度过的呢？让我们走进几个历史的瞬间做一些观察。

1921年的7月1日，毛泽东正同何叔衡一道在途经武汉赶往上海途中，去"赴全国○○○○○之招"（此为谢觉哉1921年6月29日日记内容，据谢觉哉说，"○○○○○"，即"共产主义者"，因怕暴露秘密，画圈代意）。这就是毛泽东一生中与中国共产党创建和发展紧密相关的第一个7月1日。7月23日，中国共产党第一次全国代表大会在上海召开；8月初在嘉兴南湖结束。

这次7月里开始进行的秘密集会，竟发展成了中国历史上开天辟地的大事，犹如擎起的一把熊熊火炬，给近代饱受战乱、灾难深重的中国人民带来了光明和希望。

1938年五六月间，毛泽东在延安抗日战争研究会发表演讲，谈到了这个日子的重要性，他把这一天当作"纪念日"，提出："今年七月一日，是中国共产党建立的十七周年纪念日。"

从这以后，7月1日这个日子，开始被人们作为中国共产党诞辰纪念日牢牢记住。

这一天，毛泽东参加重大活动

历史上的这一天，毛泽东曾多次出席纪念中国共产党成立的各种庆祝活动、纪念活动，留下了许多与广大党员干部和人民群众一起为党庆生的欢乐瞬间。比如：

1943年，毛泽东在"七一"当天出席了中共中央办公厅为纪念中国共产党成立22周年和抗战6周年在中央大礼堂举行的干部晚会。

1949年的7月1日，毛泽东同朱德、周恩来等出席中共中央华北局、北平市委在先农坛运动场召开的纪念中国共产党成立28周年大会。

1951年，"七一"当晚，毛泽东和刘少奇、朱德等出席政协全国委员会及各民主党派、人民团体在中南海怀仁堂举行的庆祝"七一"的盛大酒会。

1955年7月1日当晚，毛泽东和刘少奇、周恩来、朱德、陈云、董必武、林伯渠、彭真、康生、张闻天、彭德怀、邓小平陪同胡志明、长征（时任越南劳动党中央总书记）参加中共北京市委为庆祝中国共产党成立34周年和欢迎越南政府代表团在中山公园举行的游园晚会。

等等，等等。

这一天，毛泽东有重要报告或文章

"七一"当天，毛泽东多次以在纪念活动现场作报告、在新华社刊发纪念主题的社论以及在纪念专刊刊载题词等方式，科学

毛泽东主席（中）、胡志明主席（右）和刘少奇同志（左）在游园晚会上观看表演。新华社记者　钱嗣杰摄

分析中国共产党面对的形势，明确党的任务，研讨党的政策策略，鼓舞全党斗志，留下了一篇篇深入浅出、发人深省、极富感染力的重要文章和领袖金句。

——1938年7月1日，当天出版的《解放》第四十三、四十四期合刊的《抗战一周年中国共产党十七周年纪念专刊》刊登毛泽东的题词："坚持抗战，坚持统一战线，坚持持久战，最后胜利必然是中国的。"

——1943年7月1日，毛泽东在出席纪念中国共产党成立22周年和抗战6周年的干部晚会上作报告。他分析指出，"过去一年里，世界的战争形势已经有了根本的改变，法西斯侵略者已经丧失了主动权，主动权到了同盟国手里了"，科学研判未来的发展趋势是"必然要造出一个更加进步的世界，一个更加进步的中国，这就是大方向"。同时，他还就我们党的政策分为对全国的和在陕甘宁边区、敌后抗日根据地的两部分进行了具体阐释。

——1947年7月1日，新华社发表经毛泽东修改的社论《努力奋斗迎接胜利——纪念中国共产党创立二十六周年》。毛泽东修改时加写了几段话，特别指出："我们有个伟大的民族统一战线，这个统一战线包括工人、农民、知识分子、小资产者、爱国的民族资本家、开明绅士、少数民族及海外华侨，这就是全中国的人民大众。""前进的道路上还会有困难，我们一定要正视这些困难，宁可作长期打算，不要有速胜论，有困难我们一定要克服，也一定可以克服。同胞们，同志们，勇敢前进，努力奋斗，迎接胜利。"

这一天，毛泽东通宵阅读

毛泽东一生酷爱阅读。在许多个7月1日的夜晚，他都通宵阅读。每每读到好文章、好书，他总是欲罢不能。他有时觉得仅是阅读还不过瘾，还要约作者面谈。有人比喻，他的阅读方式极像当代社会的书虫催更。

1944年7月1日这天清晨，毛泽东写信给作家丁玲（抗日战争时期曾任陕甘宁边区文化协会副主任、《解放日报》文艺版编辑）和欧阳山两人。信中说："快要天亮了，你们的文章（指丁玲写的《田保霖》和欧阳山写的《活在新社会里》两篇文章，这两篇文章介绍了陕甘宁边区合作社工作中的模范人物，发表于1944年6月30日《解放日报》）引得我在洗澡后睡觉前一口气读完，我替中国人民庆祝，替你们两位的新写作作风庆祝！合作社会议要我讲一次话，毫无材料，不知从何讲起。除了谢谢你们的文章之外，我还想多知道一点，如果可能的话，今天下午或傍晚拟请你们来我处一叙，不知是否可以？"当天下午，丁玲、欧阳山应约来到枣园毛泽东住处谈话。

翻开《毛泽东年谱（1893—1976）》，其中有关于毛泽东在7月1日当天阅读的记载至少有三处。

一处是1954年7月1日，记载毛泽东阅读了《政法研究》编辑部编译的《苏联宪法草案的全民讨论》一文，批送刘少奇、朱德、邓小平、李维汉、彭真："此件值得看一下。"又批示："送田家英同志阅，退毛。"

一处是1973年7月1日，当晚，毛泽东阅读了外交部6月28日编印的内部刊物《新情况》第153期刊登的题为《对尼克松—勃列日涅夫会谈的基本看法》一文。该文分析了美苏签订防止核战争协定以后的世界形势，认为美苏会谈所表现出的特点是"欺骗性更大"，"美苏主宰世界的气氛更浓"。次日，毛泽东让王海容向外交部党的核心小组转达他对该文的批评意见。

另一处，记载的是毛泽东处理故人来信请托的事。1950年7月1日，毛泽东阅读了周邦式（字长宪，五四运动前后曾与毛泽东等组织读书会，当时在重庆女子师范学院任教）6月16日来信，批示李维汉："周长宪，北大毕业，教了三十年书，政治背景不详，看其来信，似不太坏的人，要求来京就业或学习。是否可以许其入革大学习，请查告。"

这一天，毛泽东"夜不能寐"，"欣然命笔"

毛泽东是一位伟大的诗人。作为诗人的伟大，首先基于他对党、对人民有着深厚的情怀。

在中央文献研究室编辑的《毛泽东诗词集》中，共收入他的诗词作品67首（他生前发表39首，未发表28首）。如《沁园春·长沙》《西江月·井冈山》《采桑子·重阳》《忆秦娥·娄山关》《清平乐·六盘山》《七律·长征》《沁园春·雪》《浪淘沙·北戴河》《卜算子·咏梅》等诗词作品，艺术成就极高，广为流传，脍炙人口。

其中，著名的《七律二首·送瘟神》就作于1958年7月1日党的生日这天。

毛泽东为这两首诗写的小引是这样说的：

"读六月三十日《人民日报》（1958年6月30日《人民日报》发表《第一面红旗——记江西余江县根本消灭血吸虫病的经过》的报道，同时发表社论《反复斗争，消灭血吸虫病》），余江县消灭了血吸虫。浮想联翩，夜不能寐。微风拂煦，旭日临窗。遥望南天，欣然命笔。"抄录如下：

其一

绿水青山枉自多，华佗无奈小虫何！
千村薜荔人遗矢，万户萧疏鬼唱歌。
坐地日行八万里，巡天遥看一千河。
牛郎欲问瘟神事，一样悲欢逐逝波。

其二

春风杨柳万千条,六亿神州尽舜尧。

红雨随心翻作浪,青山着意化为桥。

天连五岭银锄落,地动三河铁臂摇。

借问瘟君欲何往,纸船明烛照天烧。

同时,他还在后记中写道:"六月三十日《人民日报》发表文章说:余江县基本消灭了血吸虫,十二省、市灭疫大有希望。我写了两首宣传诗,略等于近来的招贴画,聊为一臂之助。就血吸虫所毁灭我们的生命而言,远强于过去打过我们的任何一个或几个帝国主义。八国联军,抗日战争,就毁人一点来说,都不及血吸虫。除开历史上死掉的人以外,现在尚有一千万人患疫,一万万人受疫的威胁。是可忍,孰不可忍?然而今之华佗们在早几年大多数信心不足,近一二年干劲渐高,因而有了希望。主要是党抓起来了,群众大规模发动起来了。党组织,科学家,人民群众,三者结合起来,瘟神就只好走路了。"

当天,他还致信胡乔木:"睡不着觉,写了两首宣传诗,为灭血吸虫而作。请你同《人民日报》文艺组同志商量一下,看可用否?……"

毛泽东之所以在7月1日这天"睡不着觉"而"写了两首宣传诗",根源还在于他的心始终被人民的安危冷暖所牵动!

毛泽东"七一"写诗,还不止上述。1959年7月1日,他还在庐山作了一首《七律·登庐山》:

一山飞峙大江边,跃上葱茏四百旋。

冷眼向洋看世界，热风吹雨洒江天。
云横九派浮黄鹤，浪下三吴起白烟。
陶令不知何处去，桃花源里可耕田？

这首诗反映了在1959年党的生日这天，面对当时国内外复杂的局势和中国共产党面临的特殊困难，毛泽东抒发共产党人的一种气概、一种情怀，以及他对社会主义前景的一种坚定、从容的展望。

这一天，他对一些重要文件作出批示

作为我们党第一代中央领导集体的核心，毛泽东日常公务十分繁重。在历史上的7月1日这一天，他曾分别就政治、经济、文化以及军事作出一系列重要指示批示。略举几例：

一是毛泽东高度重视马恩列斯经典著作的编译出版，指导工作细致入微。甚至对于一些较大部头的文章，印刷时该分成几卷，他都曾作出详细而具体的指示意见。1963年7月1日，他在中南海颐年堂召集陆定一、萧华、许立群（时任中共中央宣传部副部长、中央马恩列斯著作编译局局长，后又任《红旗》杂志副总编辑、中央文化革命五人小组办公室主任）等开会，提出出版一批马恩列斯的经典著作，供干部阅读，并印一部分大字本。要中央宣传部开出一个书目来，报他批准。此后，他还专门针对印大字本问题，指示周扬："同意用照相放大胶印的办法。但请注意封面不用硬纸；大书（例如《唯物主义与经验批判主义》《反杜林论》）过去例作一卷或两卷，现应分装四卷或八卷，使每卷重量减轻。"这批著作于1964年5月出版。

二是毛泽东高度重视农业和工业生产。1962年7月1日,他到达郑州,同刘建勋谈话,了解河南的麦收情况。得知麦收不那么坏,预计秋收比夏收还会好一点。1974年7月1日,经毛泽东审阅同意,中共中央发出《关于"抓革命、促生产"的通知》。通知指出:从上半年的工业生产情况看,还有一些地区和单位没有完成国家计划,必须引起我们严重注意。擅离职守的领导干部和其他人员,必须返回工作岗位。对于那些把打内战、停工停产的行为说成是"反潮流""不为错误路线生产"的错误言论,必须加以批驳。对于群众中提出的有关劳动、工资等经济政策方面的问题,一律放到批林批孔运动后期,经过调查研究,具体分析,统筹解决。通知规定:不准揪斗干部,不准打人抓人。

三是毛泽东十分关心社会主义文化的繁荣工作。1949年7月1日,新华社发表经毛泽东修改审定的中共中央给将于2日在北平开幕的中华全国文学艺术工作者代表大会的贺电。贺电说:"我们中国是处在经济落后和文化落后的情况中。在革命胜利以后,我们的任务主要地就是发展生产和发展文化教育。人民革命的胜利和人民政权的建立,给人民的文化教育和人民的文学艺术开辟了发展的道路。我们相信,经过你们这次大会,全中国一切爱国的文艺工作者,必能进一步团结起来,进一步联系人民群众,广泛地发展为人民服务的文艺工作,使人民的文艺运动大大发展起来,借以配合人民的其他文化工作和人民的教育工作,借以配合人民的经济建设工作。"

四是毛泽东高度关注军事斗争,并指挥若定。1946年7月1日,针对蒋介石当天发布给各战区长官的命令(蒋介石7月1

日通过广播演说公开发布给各战区长官的命令,声称:"如共军不进攻我军,则我军亦不进攻共军"),毛泽东同朱德公开发布致全体战地司令员命令:"在任何地点,如国民党军队不攻击我军,我军即不应主动地攻击国民党军。但如被攻击,我军将坚决采取自卫手段,以保护人民之生命财产,并维持民主政府的法令。"1947年7月1日,毛泽东为中共中央军委起草致朱德、刘少奇,聂荣臻转杨得志、罗瑞卿并告林彪、罗荣桓电。电报指出:每打一仗后,如损伤不大时,休整数日至十天即打第二仗,目前不要作整月休息计划。每次作战计划,以歼灭孤立分散之敌为主,必须对敌方增援有充分之事先准备,但不要将计划重心放在打增援上。因在目前情况下,敌方往往畏惧增援,若决心增援,又往往集中兵力使我不易歼击。又指出:占领之地能守者,以地方部队守之,不能守者则不惜立即放弃,让敌重占,以利我再度、三度、四度之歼击。总之,我军必须完全主动,不要有任何被动。

上述例子,还有很多,举不胜举。

这一天,毛泽东也在处理一些外交大事

毛泽东也是一位外交大师,他在外交上的高瞻远瞩,雄才大略,令人瞩目和敬仰。其外交风采在"七一"当天也留下了不可磨灭的深刻印记。略举几例:

1938年7月1日,毛泽东出席中共中央召集的欢迎世界学联代表团的干部会议。在致欢迎词中说:中共中央以万分诚意欢迎世界学联派遣代表团来华考察,感谢世界学联对中国的衷心援

毛泽东与世界学联代表团合影

助。抗战虽然要自力更生，但外援也有重大意义，我们需要国际援助，希望代表团把中国人民的这一愿望带给将要开幕的世界青年大会和全世界人民。代表团访问延安期间，毛泽东的和蔼谦逊和远见卓识，给代表团留下极为深刻的印象。

1955年和1956年的"七一"，毛泽东分别在中南海颐年堂和勤政殿会见苏联驻中国大使馆临时代办罗迈进和世界著名和平人士、黎巴嫩东正教大主教尼冯·萨巴。

1975年7月1日上午，毛泽东在中南海游泳池住处会见泰国总理克立。谈到中国同其他国家的共产党的关系时，毛泽东说：我们支持世界各国的共产党，但是不支持修正主义。……共产党是骂出来的，是打出来的，是杀出来的。美国花了两千亿美元，派了五十万军队，去打越南、柬埔寨。不打还好，一打呢，美国滚走了。谈到尼克松时，毛泽东说：尼克松总统，他来了，尼克松不错，他是很有能力的总统。如果方便，请代我问他好。他得罪了东部大财团。我的朋友倒霉，尼克松、田中角荣、希思、蓬皮杜。

毛泽东处理一些重大的外交事件和外交难题，往往把外交思想和外交艺术，轻松地融入风趣幽默的语言当中。

走进"七一"，回顾毛泽东的一些瞬间，你会深切地感知到毛泽东作为党和国家领导人伟大而平凡的各个侧面，也会从中更加体会到我们党一路走来的艰辛历程！

（罗炯撰写）

卷 四

9月9日这一天：从秋收起义到建立新中国

自1927年9月9日毛泽东领导发动湘赣边界秋收起义后，9月9日，就成了毛泽东、人民军队创建和发展以及中国革命正确道路探索的一个标志性日子。9月9日，也是毛泽东一生中留下许多重重印记的日子。

回望1927年9月至1949年9月这22年间，毛泽东在9月9日这天经历的一些要事，折射的是毛泽东从秋收起义到建立新中国历程中的另一番领袖足迹。

1927年：领导湘赣边界秋收起义

1927年9月9日，毛泽东领导的湘赣边界秋收起义爆发。铁路工人破坏了长沙至岳阳和长沙至株洲的铁路。工农革命军第一军第一师第一团和师部在驻地江西修水县城宣布起义。第一团立即从修水出发，向湖南平江长寿街进军，先师部一天到达渣津。

同日，毛泽东与潘心源途经浏阳张家坊时，被团防局的清乡队抓住，在被押送去团防局处死的路上，毛泽东机智脱险，死里逃生。关于这段脱险情节，毛泽东在1936年同斯诺谈话时曾详细讲述过：

"当我正在组织军队，奔走于汉冶萍矿工和农民武装之间的时候，我被一些国民党勾结的民团抓到了。那时候，国民党的恐怖达到顶点，数以百计的共产党嫌疑分子被枪毙。那些民团奉命把我押到民团总部去处死。""打算贿赂押送的人释放我"，"可是负责的队长却不允许"。"因此我决定设法逃跑。但是，直到离民团总部大约不到二百米的地方，我才找到机会。我一下子挣脱出来，往田野里跑。""我跑到一个高地，下面是一水塘，周围长了很高的草，我在那里躲到日落。士兵们在追踪我，还强迫一些农民帮助他们搜寻。有好多次他们走得很近，有一两次我几乎可以用手接触到他们。尽管有五六次我已放弃任何希望，认为自己一定会再次被抓住，可是不知怎么的我没有被他们发现。最后，天近黄昏了，他们放弃了搜寻。我马上翻山越岭，彻夜赶路。我没有穿鞋，脚底擦伤很厉害。路上我遇到一个友善的农民，他给我住处，后来又带领我到了邻县。我身边有七块钱，用这钱买了一双鞋、一把伞和一些食物。当我最后安全到达农民武装那里的时候，我的口袋里只剩下两个铜板了。"

1935年：处境危险，张国焘企图分裂和危害党中央

1935年9月9日，张国焘从阿坝致电徐向前、陈昌浩并转中共中央，再次表示反对北进，坚持南下，并称"左右两路决不可分开行动"。另背着中央电令陈昌浩率右路军南下，并企图分裂和危害党中央。右路军前敌指挥部参谋长叶剑英看到张的电令，赶往中共中央驻地巴西向毛泽东报告。毛泽东抄下电令，告诉叶剑英处境危险，要赶快回去，务必提高警惕，以防意外。随即同张闻天、秦邦宪等紧急磋商，一致认为再继续说服等待张国焘率

部北上，不仅没有可能，而且会招致严重后果。当晚，在红三军驻地阿西同张闻天、周恩来、秦邦宪、王稼祥召开紧急会议，决定迅速脱离险区，率领红一、三军立即北上。并通知在俄界的林彪、聂荣臻，行动方针有变，要一军在原地等待。

9月10日，毛泽东以中央名义致电张国焘，严肃地指出："右路军南下电令，中央认为完全不适宜的。中央现恳切的指出，目前方针只有向北是出路，向南则敌情、地形、居民、给养都对我极端不利，将要使红军受空前未有之困难环境。中央认为北上方针绝对不应改变，左路军应速即北上。"

在出发北上前，发布毛泽东写的《共产党中央为执行北上方针告同志书》，指出：南下是草地、雪山、老林，人口稀少，粮食缺乏，敌人在那里的堡垒线已经完成，我们无法通过。"对于红军，南下是没有出路的。南下是绝路。""你们应该坚决拥护中央的战略方针，迅速北上，创造川陕甘新苏区去。"

北上红军凌晨二时出发，毛泽东率部在前，彭德怀率部在后掩护中央机关北上。天明时，毛泽东看到叶剑英率军委纵队一部分赶了上来，十分高兴地说："哎呀！剑英同志你来了，好！好！"后来，他引用"诸葛一生唯谨慎，吕端大事不糊涂"的话，来赞扬叶剑英的这次历史功绩。

9月12日，北上红军到达俄界的第二天，毛泽东在中央政治局扩大会议上作报告和结论。他说：我们现在背靠一个可靠的地区是对的，但不应靠前面没有出路、后面没有战略退路、没有粮食、没有群众的地方。"所以，我们应到甘肃才对，张国焘抵抗中央决议是不对的。"会议同意毛泽东的意见，通过《关于张国焘同志的错误的决定》，指出张国焘反对中央北上的战略方针，

《关于张国焘同志的错误的决定》照片

坚持向川康藏边境退却方针是错误的。中央同张国焘的争论,其实质是由于对政治形势的分析与敌我力量估量上存在着原则的分歧。中央号召红四方面军的同志团结在中央周围,同张国焘的错误倾向做坚决的斗争。

俄界会议决定,把红一军、红三军、军委纵队合编为中国工农红军陕甘支队,彭德怀为司令员,毛泽东为政治委员;以毛泽东、周恩来、王稼祥、彭德怀、林彪成立五人团领导军事工作。俄界会议后,中共中央率陕甘支队迅速北上。

1941年:"要分清创造性的马克思主义和教条式的马克思主义"

1941年9月9日,毛泽东就配合国民党作战、争取时局好转问题,同朱德、王稼祥、叶剑英致电彭德怀、左权、罗瑞卿,陈毅、刘少奇,陈光、罗荣桓,指出:"敌攻湘北,又犯郑、洛,国民党正集中力量抗敌,我八路、新四各部应向各重要交通线予以可能的袭击,配合国民党之作战。同时对国民党敌后各部应停止任何攻击性行动,仅在彼方举行攻击时,取防卫手段。同时并向国民党各部发出通知,要求配合对敌。所有上述方针,其目的都为争取时局好转。"

第二天,毛泽东出席中共中央政治局扩大会议。会议检讨了党在十年内战后期的领导路线问题。毛泽东在会上作关于反对主观主义和宗派主义的报告,指出:"过去我们的党很长时期为主观主义所统治,立三路线和苏维埃运动后期的'左'倾机会主义都是主观主义。苏维埃运动后期的主观主义表现更严重,它的形态更完备,统治时间更长久,结果更悲惨。""遵义会议,实际上变更了一条政治路线。过去的路线在遵义会议后,在政治上、军事上、组织上都不能起作用了,但在思想上主观主义的遗毒仍然存在。""六中全会对主观主义作了斗争,但有一部分同志还存在着主观主义,主要表现在延安的各种工作中。在延安的学校中、文化人中,都有主观主义、教条主义。""现在,延安的学风存在主观主义,党风存在宗派主义。"报告强调指出:"要分清创造性的马克思主义和教条式的马克思主义。"要实行学制的改革,研究马恩列斯的思想方法论,组织思想方法论的研究组,首先从政治局同志做起。"以思想、政治、政策、军事、组织五项为政治局的根本业务。""掌握思想教育是我们第一等的业务。"报告提出:"中央研究组一方面研究马克思主义的思想方法论,一方面研究六大以来的决议"。"延安开一个动员大会,中央政治局同志全体出马,大家都出台讲话,集中力量反对主观主义和宗派主义。""打倒两个主义,把人留下来。反对主观主义和宗派主义,把犯了错误的干部健全地保留下来。"会议决定,毛泽东为中央研究组(又称中央学习组)组长,王稼祥为副组长。会议还决定:自9月16日起《解放日报》扩大为四版,增加反对主观主义和宗派主义的宣传教育内容;今后《解放日报》的文字,应力求生动活泼,尖锐有力,反对党八股;中央各部委工作同志要多给《解放日报》写文章,解释党的政策,介绍工作经验,使之真正成为全党反映实际领导工作的机关报。这次会议,对十年内战后期中共中央领导犯了"左"倾机会主义路线错误的问题,基本上取得了一致的认识。所说的"十年内战后期",是指从1931年9月开始的中共临时中央领导的时期。

1944年:"放手与美军合作,处处表示诚恳欢迎"

1944年9月9日,毛泽东同刘少奇复电张云逸、饶漱石、曾山,指出:"机场筑好后,大批美军人员陆续飞来军部及各师,我们应表欢迎。""虽可能引起日寇'扫荡',但比较全局,利多害少。放手与美军合作,处处表示诚恳欢迎,是我党既定方针。"

就在前一天,即9月8日,毛泽东出席了中央警备团为张思德举行的追悼会。张思德是中央警备团战士,9月5日在安塞石峡峪烧木炭时牺牲。毛泽东题写挽词"向为人民利益而牺牲的张思德同志致敬"。并在会上讲话,阐述为人民利益而牺牲的意义,指出:"我们的共产党和共产党所领导的八路军、新四军,是革命的队伍。我们这个队伍完全是为着解放人民的,是彻底地为人民的利益工作的。张思德同志就是我们这个队伍中的一个同志。""人总是要死的,但死的意义有不同。中国古时候有个文学家叫做司马迁的说过:'人固有一死,或重于泰山,或轻于鸿毛。'为人民利益而死,就比泰山还重;替法西斯卖力,替剥削人民和压迫人民的人去死,就比鸿毛还轻。张思德同志是为人民利益而死的,他的死是比泰山还要重的。"这个讲话编入《毛泽东选集》时,题为《为人民服务》。

1945年:"前途是光明的,道路是曲折的"

1945年9月9日,在重庆谈判期间,毛泽东于当天在重庆红岩村会见了郭沫若、于立群等人,并与他们共进晚餐。在谈到郭沫若在文化界应采取的态度时,毛泽东认为态度应该强硬些,要有斗争,指出"前途是光明的,道路是曲折的"。

毛泽东是8月28日由延安飞抵重庆的。他在机场对中外记者发表书面谈话:"本人此次来渝,系应国民政府主席蒋介石先生之邀请,商讨团结建国大计。现在抗日战争已经胜利结束,中国即将进入和平建设时期,当前时机极为重要。目前最迫切者,为保证国内和平,实施民主政治,巩固国内团结。国内政治上军事上所存在的各项迫切问题,应在和平、民主、团结的基础上加以合理解决,以期实现全国之统一,建设独立、自由与富强的新中国。希望中国一切抗日政党及爱国志士团结起来，为实现上述任务而共同奋斗。本人对于蒋介石先生之邀请，表示谢意。"

在重庆谈判期间，毛泽东于8月29日同蒋介石第一次直接商谈。蒋介石表示一切问题愿听取中共方面意见，并重提所谓中国无内战的说法。毛泽东列举十年内战和抗日战争中的大量事实指出，说中国没有内战是欺骗。最后蒋介石提出谈判三原则：一、所有问题整个解决；二、一切问题之解决，均须不违背政令军令之统一；三、政府之改组，不得超越现有法统之外。

蒋介石一边谈判，一边准备内战。在见毛泽东的同日，国民党政府陆军总司令何应钦密令各战区印发蒋介石在1933年"围剿"红军时编订的"剿匪手本"。

9月10日，刘伯承、邓小平指挥晋冀鲁豫军区主力部队及地方部队三万余人，对侵入上党解放区的国民党军第二战区司令长官阎锡山所部开始自卫反击。至10月12日，上党战役胜利结束，歼国民党军三万五千余人，生俘军长史泽波和师长多名。9月11日晚上，毛泽东在桂园宴请张澜、沈钧儒、黄炎培等，向他们介绍了两党谈判情况，并征询他们的意见。席间，周恩来报告了国民党军队向上党地区进攻的消息，在座者皆为之愤愤不平。

9月17日，毛泽东应邀赴林园同蒋介石共进午餐。也就在同一天，蒋介石写信给阎锡山并附"剿匪手本"两册。当时阎部正在进犯以长治为中心的晋东南解放区。蒋介石在重庆谈判期间，至本日为止，还命令四个战区的司令长官傅作义、胡宗南、孙连仲、李品仙等，分别率领所部沿铁路线向解放区进犯。中共中央、中央军委决心开展交通破击战，打击沿铁路线进犯的国民党军，以求达到争取和平的目的。

10月4日,毛泽东致信柳亚子,信中说:"前曾奉告二语:前途是光明的,道路是曲折的。吾辈多从曲折(即困难)二字着想,庶几反映了现实,免至失望时发生许多苦恼。而困难之克服,决不是那么容易的事情。此点深望先生引为同调。"

1946年:"我刘、邓已大胜"

1946年9月9日,毛泽东就粟裕、谭震林9月8日提出的撤围海安北上泗阳、稳定两淮局势的建议,为中共中央军委起草复粟、谭电,指出:"同意放弃海安,休整十天,准备向北机动。"此电改变了中央军委本月4日关于华中野战军攻取扬泰线和西进淮南的决定。

此前一天,即9月8日,毛泽东还为中共中央军委起草致陈毅、张鼎丞、邓子恢并告张云逸、黎玉电:"我刘、邓已大胜,对你们必有帮助。同意八师暂不北调,俟秋高水落,集中兵力在淮海歼敌,并与粟、谭南北配合(南,指华中野战军主力所在的苏中地区;北,指山东野战军所在的淮海地区。——引者注),巩固两淮,开展局面。"这前后,毛泽东发出了一系列电报,做出一系列重大决策,运筹帷幄、决胜千里,指挥中国人民解放战争取得节节胜利。

1949年:"中国的历史,从此开辟了一个新的时代"

1949年9月9日,毛泽东一边指挥各军事前线进行军事斗争,一边准备着筹建新中国。这天,毛泽东就攻歼国民党白崇禧部的部署问题，为中共中央军委起草致林彪、邓子恢电："陈赓、邓华两兵团，第一步进占韶关、翁源地区，第二步直取广州，第三步邓兵团留粤，陈兵团入桂，包抄白崇禧后路。陈兵团不派任何部队入湖南境，即不派部去郴州、宜章等处。""程子华兵团除留一个军于常德地区，另一个军已到安化地区外，主力两个军，取道沅陵、芷江，直下柳州。""另以三个军，经湘潭、湘乡攻歼宝庆之黄杰匪部，与程子华出芷江的两个军摆在相隔不远的一线上。"13日起，在林彪、邓子恢指挥下，第四野战军和第二野战军第四兵团采取大迂回方针，分三路南进，并于10月6日至16日在衡阳、宝庆地区歼灭白崇禧第七军、第六十八军等部四万七千余人，解放衡阳、宝庆、芷江、大庸等城，为尔后进军广西和第二野战军入川创造了有利条件。

在这之前的一天，即9月8日，毛泽东为中共中央起草致前线各野战军负责人、全体指挥员战斗员、南方人民武装及各界人民电，祝贺各军事前线连续告捷。全文如下："我各路英勇的人民解放军奉命出师，向南方及西北各省大举进军以来，业已四个多月。除完成第一步计划，解放江苏、安徽、浙江各全省，江西的东北部及北部，湖北及陕西的大部，山西及豫北的残余敌占区，山东的青岛地区，共消灭数十万敌军，解放数千万人民以外，又复继续前进，解放甘肃及青海的大部，湖北的一部，湖南的中部、北部，江西全省，福建的大部，渤海的长山列岛，包括长沙、福州、兰州、西宁四个省城及赣州、常德、宜昌、天水诸重镇在内，消灭了大批敌军，解放了广大人民。在此期间，程潜将军及陈明仁将军率部起义，站在人民方面，给了国民党反动派以重大打击，有力地配合了人民解放军的进军。我广东、福建、广西、云南诸省的人民解放军在各该省的胜利发展，极大地威胁着国民党反动派的后方。我各路人民解放军军行所至，全体人民同胞及各界民主人士表示热烈欢迎，给予人民解放军以极大的帮助。其中，有甘肃的青海的回民同胞，和汉民同胞一样，表示热烈的欢迎和帮助人民解放军。我军全体指挥员战斗员长途远征，冒着酷热的气候，以无比的英勇和自我牺牲精神，为解放全国人民、统一全国领土的伟大的神圣的志愿所鼓舞，以短促的时间，完成了巨大的任务。中国共产党中央委员会特表示热烈的祝贺和深切的慰问。尚望你们继续努力，为完成新的军事政治任务，为消灭残余敌军，解放全国人民而奋斗。"

21天后的1949年9月30日，毛泽东出席中国人民政治协商会议第一届全体会议闭幕式，当选为中国人民政协全国委员会委员、中央人民政府主席。大会通过由毛泽东起草的《中国人民政治协商会议宣言》。宣言指出：

中国人民政治协商会议第一届全体会议业已胜利地完成了自己的任务。

中国的历史，从此开辟了一个新的时代。

中华人民共和国现已宣告成立，中国人民业已有了自己的中央政府。这个政府将遵照共同纲领在全中国境内实施人民民主专政。它将指挥人民解放军将革命战争进行到底，消灭残余敌军，解放全国领土，完成统一中国的伟大事业。它将领导全国人民克服一切困难，进行大规模的经济建设和文化建设，扫除旧中国所留下来的贫困和愚昧，逐步地改善人民的物质生活和提高人民的文化生活。它将保卫人民的利益，镇压一切反革命分子的阴谋活动。它将加强人民的陆海空军，巩固国防，保卫领土主权完整，反对任何帝国主义国家的侵略。它将联合一切爱好和平自由的国家、民族和人民，首先是联合苏联和各新民主国家，以为自己的盟友，共同反对帝国主义者挑拨战争的阴谋，争取世界的持久和平。

（杨明伟撰写）

卷 五

遵义会议：翻开了新的一页

1935年1月，中共中央政治局在长征途中举行遵义会议，开始形成以毛泽东同志为核心的中国共产党第一代中央领导集体。

翻开《中共中央关于党的百年奋斗重大成就和历史经验的决议》，我们可以看到这样的评述：

"由于王明'左'倾教条主义在党内的错误领导，中央革命根据地第五次反'围剿'失败，红军不得不进行战略转移，经过艰苦卓绝的长征转战到陕北。'左'倾路线的错误给革命根据地和白区革命力量造成极大损失。1935年1月，中央政治局在长征途中举行遵义会议，事实上确立了毛泽东同志在党中央和红军的领导地位，开始确立以毛泽东同志为主要代表的马克思主义正确路线在党中央的领导地位，开始形成以毛泽东同志为核心的党的第一代中央领导集体，开启了党独立自主解决中国革命实际问题新阶段，在最危急关头挽救了党、挽救了红军、挽救了中国革命，并且在这以后使党能够战胜张国焘的分裂主义，胜利完成长征，打开中国革命新局面。这在党的历史上是一个生死攸关的转折点。"

让我们回到历史，探寻毛泽东在遵义会议前后的足迹。

遵义会议之前

1934年底，中央红军遭受了自长征以来最严重的损失。

12月1日，中央红军除红五军团第三十四师、红三军团第十八团被阻于湘江东岸外，全部渡过湘江，已由出发时的八万余人锐减为三万余人。这是军事上错误领导造成的严重恶果。

12月上旬，毛泽东在过湘江后对身边的警卫人员讲，我们要进入苗族区，苗族的特点和风俗习惯同汉民族不同，大家要更好地遵守群众纪律。进入苗族区以后，又给警卫人员讲党的民族政策。正在这个时候，蒋介石及其参谋团觉察中央红军主力与红二、六军团会合的战略意图，命令"追剿军总司令"何键在湖南洪江、芷江，贵州松桃、铜仁、石阡一带集结近二十万军队，设了四道防线，以阻止中央红军主力北上与红二、六军团会合。国民党军很快布好一个口袋阵，企图让红军主力进入包围圈。

就在这期间，中央红军翻越广西北部越城岭的老山界，进入苗族聚居区。从过老山界起，中共中央领导内部发生争论，毛泽东、王稼祥、张闻天开始批评中央的军事路线，认为第五次反"围剿"以来的失败是由于军事领导上的错误路线所造成的。同时，在红军战略转移的方向问题上，鉴于去红二、六军团的道路上蒋介石已设置重兵，红军已失去到湘西的先机，毛泽东向中央建议：放弃去湘西同红二、六军团会合的计划，改向敌人力量薄弱的贵州前进，到川黔边建立根据地。秦邦宪、李德不予采纳，而把希望寄托在与红二、六军团的会合上。

进入1935年，情况慢慢地发生了变化。

1935年1月1日，毛泽东出席在贵州猴场召开的中共中央政治局会议。猴场会议重申由毛泽东提出并经中央政治局黎平会议同意的在川黔边地区建立新根据地的主张,做出《关于渡江后新的行动方针的决定》,决定指出:首先向以遵义为中心的黔北地区,然后向川南发展,是目前最中心的任务。"军委必须特别注意敌情的分析研究,道路、敌情的侦察,抓住反攻的有利时机,并不失时机地求得在运动战中各个击破敌人,来有把握地取得胜利。"决定还提出,必须尽量使部队得到休息并进行整顿和补充,在充实战斗连的原则下,缩编部队,以适应新的作战环境。为改变李德取消军委集体领导、个人包办的状况,决定规定:"关于作战方针以及作战时间与地点的选择,军委必须在政治局会议上做报告。"两天后的1月3日,中央书记处责成各军团首长将这个决定向团级以上干部传达。

1月2日,红一军团第二师在瓮安县江界河强渡乌江,架起浮桥。毛泽东、朱德、周恩来等随同军委纵队和后续部队安全渡过乌江。至6日,中央红军分别从余庆县回龙场、瓮安县江界河、开阳县茶山关三个渡口全部渡过乌江。

1月7日,红一军团第二师袭占遵义城。

确立毛泽东的领导地位

1月9日,毛泽东随军委纵队进驻遵义,同张闻天、王稼祥住在遵义新城古式巷原黔军旅长易少荃的宅邸。

1月12日,毛泽东同朱德等参加在遵义贵州省立第三中学操场举行的遵义全县民众大会。在大会上,毛泽东发表演说,讲述共产党与红军的各项政策,指出共产党愿意联合国内各界人民、各方军队一致抗日，强调只有苏维埃才能救中国。大会宣布成立遵义县革命委员会。

1月15—17日，毛泽东出席在遵义召开的中共中央政治局扩大会议（即遵义会议），在会上就长征以来各种争论问题，主要是最紧迫的军事路线问题，做长篇发言。

毛泽东在发言中批评秦邦宪在向大会报告中谈到的第五次反"围剿"失败的主要原因是敌强我弱等观点，认为第五次反"围剿"失败的主要原因是军事指挥上和战略战术上的错误。

毛泽东在发言中还指出秦邦宪和李德以单纯防御路线代替决战防御，以阵地战、堡垒战代替运动战，以所谓"短促突击"的战术原则支持单纯防御的战略路线，使红军招致损失。毛泽东强调，这一路线同红军取得胜利的战略战术的基本原则是完全相反的。

毛泽东的意见，得到大多数与会者的支持。

遵义会议主要根据毛泽东发言的内容，委托张闻天起草《中央关于反对敌人五次"围剿"的总结的决议》，于2月8日经政治局会议通过后印发。决议着重总结了第五次反"围剿"失败的经验教训，重新肯定了毛泽东根据战争实践经验总结出来的一系列正确的战略战术的基本原则。

遵义会议提出改变黎平会议关于在川黔边建立根据地的决定，确定红军北渡长江，在成都之西南或西北建立根据地。

遵义会议增选毛泽东为政治局常委，取消三人团，取消秦邦宪、李德的最高军事指挥权，决定仍由中央军委主要负责人朱德、周恩来指挥军事，周恩来为党内委托的对于指挥军事下最后决心的负责者。会后中央常委分工，毛泽东为周恩来在军事指挥上的帮助者。

遵义会议结束了王明"左"倾冒险主义在中共中央的统治，确立了以毛泽东为代表的新的中央的领导，在最危急的关头，挽救了党，挽救了红军，并为胜利完成长征奠定了基础。

变换中共中央领导

1月19日，毛泽东和军委纵队离开遵义，到达泗渡。中央红军分三路从桐梓、松坎、遵义地区向川南开进。

1月20日，毛泽东由泗渡经板桥，翻越娄山关至桐梓。同日，中革军委发布《关于渡江的作战计划》，指出："我野战军目前基本方针，由黔北地域经过川南渡江后转入新的地域，协同四方面军由四川西北方面实行总的反攻，而以二、六军团在川、黔、湘、鄂之交活动，来牵制四川东南'会剿'之敌，配合此反攻，以粉碎敌人新的围攻，并争取四川赤化。""夺取和控制长江各渡河点，为实施此计划之最后关键。我先遣兵团应以秘密、迅速、勇敢、坚决的行动，实行最大机动。""对尾追之敌应使用少数得力部队（约一团兵力左右）进行运动防御，并向敌前出游击，以阻止敌人前进，而主力则应迅速脱离敌人。""当我必要与尾追或侧击之敌进行战斗时，应集中主力进行消灭敌人的进攻战斗，不应以防御战斗等待敌人来攻。"

1月21日，毛泽东和军委纵队到达九坝。次日，中共中央政治局和中革军委致电红四方面军，指出："为选择优良条件，争取更大发展前途计，决定我野战军转入川西，拟从泸州上游渡江，若无障碍，约二月中旬即可渡江北上。""这一战略方针的实现，与你们的行动有密切关系。""我们建议你们应以群众武装与独立师团向东线积极活动，牵制刘敌（指国民党军四川'剿匪'总司令刘湘所属的川军——引者注），而集中红军全力向西线进攻。"

1月中下旬，蒋介石判断中央红军可能北渡长江，急令川军刘湘集中兵力在赤水、古蔺、叙永地区堵击，又令薛岳部和黔军王家烈部渡乌江尾追。

1月26日，毛泽东等人到达土城。这时，川军两个旅先于红军到达赤水城，阻止中央红军北进；尾追的川军进至土城以东地区。在前往土城途中，毛泽东同朱德、周恩来、刘伯承等察看地形，决心在土城以东青杠坡地区围歼尾追的川军郭勋祺部。

1月28日，军委纵队干部团、红三军团、红五军团、红一军团一部从南北两面向青杠坡地区之敌发起猛攻，激战终日，战斗失利。此时，川军后续部队两个旅迅速增援上来，位于旺隆场的川军两个旅也从侧背攻击中央红军。毛泽东提议召集中央政治局主要领导人开会，决定立即撤出战斗，作战部队和军委纵队迅速轻装渡赤水河西进，开始了红军长征中举世闻名的四渡赤水之战。

1月29日凌晨，中央红军除少数部队阻击川军外，主力分三路从猿猴场（今元厚）、土城南北地区西渡赤水河（一渡赤水），进入川南古蔺、叙永地区，寻机北渡长江。同日，毛泽东从土城渡河之前，同红一军团第一师师长李聚奎、政治委员黄甦、政治部主任谭政谈话，传达遵义会议精神，通报军委关于部队缩编的决定，要求部队运用机动灵活的作战方法。

2月2日，蒋介石判断中央红军西入云南，重新调整部署，将"追剿"军改为第一、第二路军。何键为第一路军总司令，率主力"围剿"红二、六军团，另以一部封锁湘、黔边境，防堵中央红军进入湖南。龙云任第二路军总司令，薛岳为前敌总指挥，率主力集结川、滇、黔边地区，"追剿"中央红军。

2月3日，毛泽东同军委纵队到达四川叙永县石厢子。中央红军连日在三岔河、永宁（即叙永）遭到川军截击。当晚，中革军委电令各军团迅速脱离当前之敌，改向川、滇、黔三省交界处的分水岭、水潦、水田寨、扎西集结。

2月5日，毛泽东离开石厢子，到达川、滇、黔边界的鸡鸣三省村。

在这里，毛泽东同周恩来谈起张闻天提出的有关变换中共中央领导的问题。周恩来后来在1972年6月10日召开的中共中央批林整风汇报会上，曾经这样回忆说："洛甫那个时候提出要变换领导，他说博古不行。我记得很清楚，毛主席把我找去说，洛甫现在要变换领导。我们当时说，当然是毛主席，听毛主席的话。毛主席说，不对，应该让洛甫做一个时期。"

随后，中央政治局常委分工由张闻天（洛甫）接替秦邦宪（博古）在党内负总的责任。根据当前敌情，中革军委考虑渡江的可能性问题，认为如渡江不可能，则留川、滇边境进行战斗与创造新苏区。

同日，中共中央书记处致电项英转中央分局，传达中央政治局和中革军委的决定："分局应在中央苏区及其邻近苏区坚持游击战争"，"要立即改变你们的组织方式与斗争方式，使与游击战争的环境相适合"。"成立革命军事委员会中区分会，以项英、陈毅、贺昌及其他二人组织之，项为主席。一切重要的军事问题可经过军委讨论，分局则讨论战略战术的基本方针。"

2月6日，毛泽东到达云南威信县石坎子。中革军委电令红一、三军团向威信县扎西靠近，迅速集中，以便于机动。

2月7日，由于国民党军加强长江沿岸防御，并以优势兵力分路向中央红军进逼，中共中央和中革军委决定放弃北渡长江计划，致电各军团指出：我野战军原定渡江计划已不可能实现，改取"以川、滇、黔边境为发展地区，以战斗的胜利来开展局面，并争取由黔西向东的有利发展"的方针。电报要求各军团迅速脱离四川追敌，向滇境镇雄集中，并进行与滇敌作战的一切准备。

2月8日，中共中央书记处为贯彻遵义会议精神，发布《中央政治局扩大会议总结粉碎五次"围剿"战争中经验教训决议大纲》。中央政治局常委毛泽东、张闻天、陈云等陆续到军委纵队和各军团干部会议上传达决议。

从此，中央红军长征的历史翻开了新的一页；中国共产党领导的中国革命的历史也翻开了新的一页。

（雷侃撰写）

第三编　历史钩沉

卷　六

六位亲人是怎么牺牲的？

"一百年来，中国共产党团结带领中国人民，以'为有牺牲多壮志，敢教日月换新天'的大无畏气概，书写了中华民族几千年历史上最恢宏的史诗。"（习近平语）

"为有牺牲多壮志，敢教日月换新天"，引用的是毛泽东《七律·到韶山》中的诗句。在这场"改天换地"的人民革命中，毛泽东当年带出韶山的弟弟妹妹，他的妻子、儿子、侄子，他亲手创建的韶山党支部最早的五位成员，还有成千上万的革命先烈，为着人民的利益英勇地牺牲了。毛泽东一家，也付出了巨大牺牲，有六位亲人献出了宝贵的生命。

毛泽民：被敌人闷棍打晕，然后勒死

毛泽民说过："共产党员无论在什么地方为国家民族的，自有他的气节。"作为中国共产党红色财经工作的开拓者，毛泽民牺牲后，遗骨埋在何处是个谜团。直到新中国成立之后，烈士遗骨才终于被找到。

毛泽民，毛泽东的大弟，1896年4月3日出生在湖南韶山。1921年随毛泽东到长沙，是年底加入中国共产党。担任过安源路

矿工人消费合作社经理、中共中央出版发行部经理、中华苏维埃共和国国家银行行长、闽粤赣军区经理部部长、中华苏维埃共和国临时中央政府西北办事处国民经济部部长等职，是红色财经工作的开拓者。

毛泽民担任中华苏维埃共和国国家银行第一任行长时，苏区正处在敌人的封锁中，物资奇缺，财政负担重。毛泽民领导国家银行，实行统一财政、统一货币、发行公债、提倡储蓄、开展对外贸易、开采钨矿等政策，改变了根据地以往自收自支、各自为政、货币不统一、苏区急需的食盐进不来等状况，对于打破敌人经济封锁、支援革命战争，起了很大作用。

处在长期艰苦的斗争环境中，有些同志对红色财经的发展缺乏信心。毛泽民鼓励说："我们是从困难中生长和壮大起来的"，"我们能克服一切困难的"，"克服困难的唯一方法，是依靠我们的'领导方式与工作方式'，并且自己坚决地依靠计划去执行"。毛泽民在党和红军中长期主管财经工作，始终廉洁奉公，一尘不染。

1938年初，毛泽民到新疆，准备转道去苏联治病，不巧边境封锁，他暂留在八路军驻新疆办事处。当时，新疆的边防督办盛世才伪装进步，主动要求我党派干部帮助他整顿新疆极度混乱的财经。经党中央同意，毛泽民化名周彬，被盛世才委任为新疆省政府财政厅副厅长，代理厅长的职务。到任后，毛泽民从县到省建立起一套财政金融机构，还建立了各级金库，亲自创办财经学校，培训财经干部，实行税制改革，改组新疆省立银行……将新疆的财经工作整顿得井井有条。盛世才等人在严格的财经制度下不能随便中饱私囊，开始排挤毛泽民，明升实降，将他调任民政厅厅长。

1942年,盛世才与国民党达成反共协议,露出了狰狞的面目,将毛泽民、陈潭秋等人软禁起来。1943年2月,他们被正式逮捕,关进监狱。敌人意图污蔑我党在新疆的活动,恶毒攻击我党和八路军。毛泽民大义凛然地回答:"我们共产党为国家为民族而斗争,没有个人的利害。""我所做的一切,对国家民族的利益是没有违背过的,而且完完全全是站在国家民族利益的立场上工作的。我认为你们所说什么阴谋是对我(的)一种侮辱。我在新疆整理财政,尽了自己所有的力量,更没有违背民族利益。在新疆四五年,辛苦于抗战建新事业,事实俱在,哪有对新疆政府进行阴谋事件之理?我要求把事实拿出来。"

敌人气急败坏,逼问毛泽民:"脱离共产党可不可以?"毛泽民说:"不能脱离,气节还有,共产党员无论在什么地方为国家民族的,自有他的气节。"

敌人连续数十个日夜审讯,仍然一无所获,就用各种惨无人道的酷刑折磨毛泽民。尽管遍体鳞伤,但毛泽民始终表现出顽强的毅力。9月27日,毛泽民等人被敌人闷棍打晕,然后勒死,毛泽民时年47岁。

几年后,在党组织锲而不舍的营救下,盛世才关押的其他同志和进步人士被解救出狱,到了延安。毛泽民等人牺牲的消息虽然已经多方证实,但遗骨埋在何处却是个谜团。直到新中国成立之后,烈士遗骨才终于被找到。

毛泽覃:被叛徒出卖,为掩护战友突围战斗到最后

毛泽覃说过:"只要我们还有一个人,就要战斗到底。"作为

红军独立师师长，在被敌人包围、身中数枪之时，毛泽覃也不愿自己的红军奖章落入敌军之手，将它藏了起来。

毛泽覃，毛泽东的二弟，1905年9月25日出生在湖南韶山。1918年秋随毛泽东到长沙求学。1921年加入中国社会主义青年团，1923年10月加入中国共产党。曾先后在黄埔军校政治部、中共广东区委、武汉国民革命军第四军政治部工作，并随南昌起义部队行动。上井冈山后，先后任红三军政治部主任、中共吉安县委书记、中共永（丰）吉（安）泰（和）特委书记兼红军独立五师政治委员等职。

为了加强对县区苏维埃的领导，中共永（丰）吉（安）泰（和）特委在东固宣布成立。东固是江西吉安的一个区，战略地位重要，敌我双方对东固的争夺十分激烈。毛泽覃担任特委书记后，深入走访群众，领导东固进行土改，发展生产，各项工作都开展得有声有色，东固被评为中央苏区第一个模范区。

1932年，毛泽覃调任中共苏区中央局秘书长。因抵制王明"左"倾教条主义路线，与邓小平、谢唯俊、古柏被扣上"罗明路线"在江西的执行者的帽子，遭到错误批判。有人担心地问毛泽覃："这样下去怎么办？"毛泽覃冷静地回答：现在是很困难，我们党和根据地可能还要遭受更大损失，甚至是暂时失败。但是，要相信共产党，相信革命总会胜利的。

中央红军长征后，毛泽覃奉命留在苏区，坚持游击战争，任中央苏区分局委员、红军独立师师长。当时，瑞金驻扎敌军4个师，福建西部驻扎敌军8个师。毛泽覃率领红军游击队在闽赣边界转战。1935年2月，毛泽覃奉命率领独立师的一部与福建军区司令龙腾云、省委书记万永诚率领的队伍会合。他提出"将部队编成几个支队,四处袭击敌人,领导中心退到闽粤赣边的深山中去"的建议没有被接受。不久,部队被敌人包围,龙腾云、万永诚率领大部队向东突围,毛泽覃率部队掩护,然后向西突围。龙、万在战斗中牺牲,毛泽覃突出重围后,又被敌人伏击,经过艰苦的战斗,借着夜色才摆脱敌人,进入瑞金红林山区。此时,已经只剩下十几个人。毛泽覃鼓励疲惫不堪的战士们说:"我们十几个人的处境是很困难的,但是要看到光明的前途,经受住困难的考验,只要我们还有一个人,就要战斗到底。"

暴风骤雨中,敌人像梳子梳头发似的搜山,毛泽覃和战士们只能用野菜、野果充饥。他们在黄鳝口纸槽小屋休整时,一个战士外出侦察敌情被抓,当了叛徒。在叛徒的指引下,敌人再次包围了毛泽覃他们。毛泽覃为掩护战友突围,中弹牺牲,时年29岁。

几十年后,江西省瑞金红林山区村民在一块大石底下发现了一枚银质的"二等红星奖章"。这枚红星奖章是毛泽覃1933年在红军首次颁发奖章时获得。被敌人包围、身中数枪之际,毛泽覃不愿奖章落入敌军之手,将它藏了起来。闪闪红星,象征着一名红军将领的卓越战绩,也昭示着一名共产党员战斗到底的决心。

杨开慧:拒绝跟毛泽东脱离关系,被刽子手从背后枪杀

杨开慧说过:"我死不足惜,惟愿润之革命早日成功。"

杨开慧,毛泽东的妻子,1901年11月6日出生在湖南长沙县板仓一个进步知识分子家庭,父亲杨昌济是毛泽东的恩师。1920

年下半年，杨开慧加入中国社会主义青年团，同年冬与毛泽东结婚。1921年加入中国共产党后，除协助毛泽东从事机要和交通联络工作外，还参与开展农民运动、工人运动、妇女运动和学生运动。

1927年大革命失败后，按照党组织的安排，杨开慧带着孩子回到家乡板仓，继续坚持地下斗争，她参与组织和领导了长沙、平江等地武装斗争。杨开慧一边坚持革命，照顾着孩子们，一边思念、牵挂着在外革命的丈夫。她将对丈夫浓厚的爱意、为革命抱定牺牲的决心刻印在文字中。在《偶感》一诗中，她写道："天阴起朔风，浓寒入肌骨。念兹远行人，平波突起伏。足疾已否痊，寒衣是否备？孤眠谁爱护，是否亦凄苦？书信不可通，欲问无人语。恨无双飞翮，飞去见兹人。"在《6岁到28岁自述》中，她回忆和毛泽东相识相知的过程："不料我也有这样的幸运！得到了一个爱人！我是十分的爱他，自从听到他许多的事，看见了他许多文章、日记，我就爱了他。""从此我有一个新意义，我觉得我为母亲而生之外，是为他而生的。""假如他被人捉去杀了，我一定要同他去共这一个运命！"

革命形势严峻，杨开慧万分担心毛泽东的安危，她写道："我想假使是他死了，我的情丝将永远缚在他的尸体上，不会放松"，"我的心挑了一个重担，一头是他，一头是小孩，谁都解不开"。

当战友牺牲的噩耗接踵而至之时，预感到死亡正在逼近的杨开慧打算将孩子托付给亲友，她在一封给堂弟杨开明的信中说："我好像已经看见了死神——唉，它那冷酷严肃的面孔！说到死，本来，我并不惧怕，而且可以说是我欢喜的事。只有我的母亲和我的小孩呵，我有点可怜他们！"这封托孤信最终未能寄出。这些文字被杨开慧藏在板仓老家房子的砖缝里,直到20世纪八九十年代,才被人意外发现。

敌人紧锣密鼓地抓捕共产党员和革命群众,何键悬赏重金捉拿杨开慧。在地下党和群众的帮助、保护下,杨开慧几次安然脱险,但最终没能逃脱敌人的魔爪。1930年10月的一天,何键派来的人冲进板仓杨家,将杨开慧和8岁的儿子毛岸英、保姆陈玉英一起抓走。无论敌人如何询问,她始终守口如瓶,保守党的机密,不透露任何同志的信息。她对保姆陈玉英说:"孙嫂(陈玉英),你一定要相信,革命一定会有胜利的那一天!"

杨开慧被捕后,父亲杨昌济生前挚友章士钊、蔡元培等名流开始营救她。南京政府屈于外界压力,致电何键,嘱其缓刑。何键答应:只要杨开慧自首,宣布与毛泽东脱离夫妻关系,就可以获得自由。杨开慧拒绝了。面对敌人的种种威胁,杨开慧毫不畏惧地回答:"我死不足惜,惟愿润之革命早日成功,牺牲我小,成功我大,我死后,希望家里人不作俗人之举!"

1930年11月14日,杨开慧在长沙浏阳门外识字岭英勇就义,时年29岁。新中国成立后,当年枪杀烈士的刽子手交代:他们从背后枪杀杨开慧后就离开了,下午有人报告她还没有死透,他们就去看,发现枯草上浸透了血迹,杨开慧嘴里已啃满了泥沙,手在土里头挖着,手指甲里面塞满了土,于是又补了几枪。

1957年,毛泽东在给杨开慧生前好友李淑一回信时,饱含深情地写下一首词。这首后来改名为《蝶恋花·答李淑一》的词云:"我失骄杨君失柳,杨柳轻飏直上重霄九。"有人问毛泽东"骄杨"作何解释,毛泽东说:"女子革命而丧其元,焉得不骄?"

毛泽建：从容不迫走向刑场，牺牲在衡山

毛泽建，毛泽东的堂妹，1905年10月出生在湖南韶山。因家庭贫苦、父母病弱，几岁时就被毛泽东的母亲文氏接到自家生活。文氏十分喜欢勤快懂事的毛泽建，曾多次叮嘱毛泽东要带她出去读书。文氏病逝后，毛泽东忙于革命，一时无法照顾毛泽建。毛泽建被母亲嫁到一户姓肖的人家，她在肖家饱受虐待。1921年春，毛泽东回乡后得知毛泽建的情况，将她接回自家，不久带到长沙读书，并帮她解除了封建婚姻。1923年，毛泽建加入中国共产党，同年秋考入湖南省立第三女子师范学校，任学生中的党支部书记、湘南学联女生部部长。

毛泽建始终怀着饱满的革命热情和战斗意志。她给自己取名毛达湘、毛日曦，寄托着革命早日胜利的希望。她在给亲友写信时，总要在落款处画一柄利剑。她说：剑与建同音，"泽建"就是"泽剑"。我喜欢利剑，它所向披靡。我们革命者就要像利剑一样，对敌人毫不留情。

1926年夏，毛泽建受党指派与丈夫、共产党员陈芬在衡阳开展农民运动。1927年11月任中共衡山县委组织和妇运委员，后参加朱德、陈毅领导的湘南起义，任耒阳县游击队队长。毛泽建有时扮成珠光宝气的贵妇人，有时扮成朴实的农家女，来往于城镇和乡村刺探敌情。她带领游击队员，袭击挨户团，打击土豪劣绅，炸毁县衙，破坏铁路和敌人通信设备，令敌人闻风丧胆，成为远近闻名的"女游击队长"。

1928年，毛泽建和陈芬领导游击队在耒阳开展游击斗争时遭到敌人围攻，因寡不敌众，两人身负重伤，双双被捕。年仅25岁

的陈芬被敌人砍下头颅。毛泽建被战友营救出狱，这时她即将临产，行动艰难。战友们要用担架抬她撤退，她不愿拖累部队，坚决要求留下，隐藏在当地一个孤老婆婆家里。孩子出生时的啼哭惊动了正在搜山的敌人，毛泽建带着孩子再一次被捕。孩子几个月后不幸夭折。

敌人抓到毛泽建，如获至宝，以她系"毛泽东之妹，马日前后，均负该党重要职责"，妄图从她身上得到我党的重要机密。敌人用皮鞭抽、烙铁烫、杠子压，动用种种酷刑折磨她，但毛泽建毫不屈服。她利用一切机会教人识字、绣花，一个被派到监狱修理架子的木工在她的教育启发下，深受感动，经常到狱中探视她。当叛徒劝她投降时，毛泽建痛斥叛徒，回击说："怕死不革命，革命不变节！要我投降，除非太阳从西山出，湘江水倒流。"敌人审问她是不是叫"毛达湘"，她义正词严地说："我叫共产党！又叫毛达湘，毛达湘就是共产党！"

在狱中，毛泽建曾给丈夫的姐姐陈淑元写过一封信。信中写道："我将毙命，不足为奇。……现在各处均在反共，这是我早就预料到了的。革命轻易的成功，千万不要做这样的奢望。但是，人民总归要做主人，共产主义事业终究要胜利。只要革命成功了，就是万死也无恨。到那天，我们还会在九泉之下开欢庆会的。"

1929年8月20日，衡山县马王庙坪，几十名敌人荷枪实弹，毛泽建戴着脚镣、手铐，从容不迫地来到刑场。她一路高呼："乡亲们，杀了一个毛达湘，千万个毛达湘会站出来！"毛泽建牺牲时年仅24岁。国民党限令3天不准收尸，当晚几名工人冒着生命危险把她的遗体运出来安葬。

毛岸英：牺牲在朝鲜战场，毛泽东一个多月后才得知消息

毛岸英，毛泽东的长子，1922年10月24日出生在湖南长沙。8岁时随母亲杨开慧入狱。在监牢里，毛岸英时常看见有叔叔阿姨唱着《国际歌》走出牢房，走向刑场。他很快就记熟了歌词，常常哼唱。他问妈妈："什么叫饥寒交迫的奴隶？"杨开慧告诉他：就是被富人、军阀欺负的老百姓，为了革命同志的安全被敌人杀死的烈士也是的。毛岸英渐渐明白了歌词的含义。狱中的苦难，使毛岸英对敌人满怀着刻骨的仇恨。

母亲牺牲后，毛岸英与两个弟弟被送到上海中共地下党办的大同幼稚园，小弟毛岸龙病死，他和二弟毛岸青不久流落街头。他后来回忆说："在上海六年的流浪生活不堪回首"，"我和岸青除了没有给资本家当干儿子和偷东西以外，三毛的人生经历我们都经历了"。

1936年11月，党组织找到毛岸英兄弟，辗转托人送到苏联。毛岸英先后在国际儿童院、伊万诺沃苏雅士官学校、伏龙芝军事学院等校学习。在苏联遭到德国法西斯侵犯时，毛岸英一再主动要求上战场，被批准参加了苏联卫国战争。1943年加入苏联共产党（布尔什维克）。

1946年1月，历经苏联学习和战火洗礼的毛岸英回到了祖国，在延安见到了阔别18年的父亲。同年转入中国共产党。回国后曾下乡劳动锻炼，后从事土改和宣传工作。新中国成立后，离开机关到北京机器总厂从事基层工作。工厂里战乱的遗迹依稀可见，大部分机器无法运转，工人生活条件艰苦。面对考验，毛岸英丝毫没有退却，他对妻子说："我就在这里扎根了！"在

给好友蔡博的信中,他说:"我准备在这个工厂连续不断地做十年……搞出一套完整的工厂中党的工作经验来。"毛岸英对自己的要求十分严格,他在日记中写道:"我从不希望由于我是伟大领袖毛主席的儿子,而受到特殊照顾,被'另眼看待'。"在日记里,他总在不断地问自己:"我做毛泽东的儿子合格吗?"

毛岸英长久做群众工作的计划很快被战火打断了。1950年,美国出兵侵略朝鲜,战火一步步向我国东北边境逼近。党中央做出了抗美援朝的决定。毛岸英主动提出参加抗美援朝战争,毛泽东同意了儿子的请求。因为懂俄语、英语,又从事过机密工作,毛岸英任志愿军司令部俄语翻译兼机要秘书。因为事涉国家机密,毛岸英对妻子刘思齐都没有透露去向。10月,毛岸英踏上了烽火连天的朝鲜战场。

11月24日下午,几架美军侦察机在我军设在大榆洞的志愿军总部上空盘旋侦察。25日上午,敌人的几架轰炸机从东向西飞过,约一刻钟后又掉头飞回,向志愿军总部投下了大批凝固汽油弹。志愿军总部瞬间被熊熊烈火吞没,毛岸英牺牲在火海中,时年28岁。

当时毛泽东正在指挥战役的紧张时刻,身体也不适,为了不让毛泽东分心,周恩来等人决定把毛岸英牺牲的电报暂时搁下。直到1951年1月2日,周恩来才把电报送给毛泽东看。毛泽东嘴里念叨的却是:"朝鲜战场上牺牲是有成千成万人……"2月21日,当毛泽东从回国汇报朝鲜战争情况的彭德怀口中听到毛岸英牺牲的详细经过后,反而宽慰内心不安的彭德怀说:打仗总是要死人的嘛!中国人民志愿军已经献出了那么多指战员的生命。岸英是一个普通的战士,不要因为是我的儿子,就当成一件大事。

当有人询问是否将毛岸英的遗体运回国内，毛泽东说：青山处处埋忠骨，何须马革裹尸还，不是还有成千成万的志愿军战士安葬在异国他乡的土地上吗？

其实，毛泽东的内心承受着巨大的悲痛！他把对儿子的爱深深地埋藏在内心。1959年，刘思齐要去朝鲜给毛岸英扫墓，毛泽东对儿媳说："思齐，告诉岸英，你也是代替我去给他扫墓的，我们去晚了，告诉他，我不能自己去看他，请他原谅，告诉他，爸爸爱他，想他……"

1990年，中南海中央警卫局在整理毛泽东的遗物时，意外地发现毛泽东悄悄珍藏着毛岸英在朝鲜用过的毛巾、穿过的衬衣与袜子、戴过的帽子。如今，这些物品陈列在韶山毛泽东同志纪念馆里，无声地昭示着毛岸英伟大的爱国主义和国际主义精神，诉说着国家领袖对国家、人民的深情大爱和对儿子的深邃父爱。

毛楚雄：被五花大绑带到偏僻的城隍庙背后活埋

毛楚雄，毛泽覃的儿子，毛泽东的侄子，1927年9月8日出生在湖南长沙。父亲毛泽覃一直随部队在外征战，毛楚雄半岁时随母亲周文楠被捕，因在狱中生了病，敌人才同意外婆将他从狱中接回家治疗。1930年，周文楠被营救出狱后随部队撤往苏区，从此毛楚雄与外婆相依为命。1937年11月，他随外婆、舅舅到韶山南岸上屋场居住，曾先后就读毛氏兴华初小和湘潭县私立思三高级小学。

在韶山党组织和革命家庭的影响下，毛楚雄从小就有着远大的革命理想。他在《小朋友救国方法》一文中，开门见山地写道:"各位小朋友呀!我们都是四万万五千万民众的一份子,对于救国的责任,当然我们是要担负一些的。"在《试述各人的志愿》一文中又写道:"青年想要达到成功的目标,非要吃苦不行……我也想做一个改革社会的人物,为国效力,推翻侵略者,使世界变为和平的世界","继父之志,报父之仇"。有一年县里的督学来韶山视察,看了毛楚雄的作文,连连夸赞他是"非凡之才"。

饱尝社会艰辛的楚雄从小就十分懂事,小小年纪主动帮外婆种菜、放牛,抢着干家务。他也从小就深知劳动人民的疾苦。他说:"世界上最苦的是什么人呢?我心想:一定是那农人。"虽然他和外婆生活困难,但他宁愿自己少吃也要救济穷苦村民。一个80多岁经常得到楚雄帮助的老婆婆逢人就说:"楚雄真是个好伢子,从前他大伯经常帮助我屋里,如今楚雄就同他大伯当年一样。"

1945年8月,毛楚雄由王震派人接到湖南省湘阴县白鹤洞,随八路军三五九旅南下支队到中原军区。1946年6月,国民党军围攻中原解放军,在屡次战斗中,毛楚雄冲锋在前。后来,王震说:"在竹林关等地的战斗中,楚雄同志对敌斗争特别英勇。"国民党眼见中原解放军胜利突出重围,又玩起了"和谈"的花招,派飞机一路撒传单,要求我军派人和谈。为了表示和谈诚意,我军派张文津、吴祖贻、毛楚雄三人前去谈判。8月,他们三人来到宁陕县东江口镇时,被驻扎在这里的胡宗南部无理扣押。毛楚雄三人出示证件,据理力争。胡宗南部置之不理,对他们进行审讯。我党得知后四处设法营救,8月22日延安《解放日报》头版报道,"对张文津等被蒋方无理扣押事,南京中共代表团周恩来将军与北平执行部叶委员均已向国民党提出严重抗议",向中外公布了这一重大事件。

胡宗南一面矢口否认扣押我军谈判代表,一面不顾舆论谴责,下令"就地秘密处决"。8月22日深夜,胡宗南的刽子手悄悄地将毛楚雄三人和带路的农民五花大绑带到偏僻的城隍庙背后,将他们活埋。毛楚雄时年19岁。毛楚雄等人牺牲的具体情形直到1984年才查明。

新中国成立后,周文楠要到韶山接母亲一起生活,当她询问毛泽东是否把毛楚雄牺牲的消息告诉老人家时,毛泽东说,就说是他送楚雄到国外很远的地方学习去了。他又说:"楚雄年龄不大,为国捐躯,虽死犹荣。"

1959年6月,毛泽东回到阔别32年的故乡,回到故居,走访烈士家属,看到32年来故乡的变化,特别是这个新国家发生的天翻地覆的变化,感叹这些由无数烈士奋斗牺牲换来的结果,用诗化的语言表达了自己的心情:

"别梦依稀咒逝川,故园三十二年前。红旗卷起农奴戟,黑手高悬霸主鞭。为有牺牲多壮志,敢教日月换新天。喜看稻菽千重浪,遍地英雄下夕烟。"

(李丽撰写)

卷 七
与白求恩不止见过一面

"我和白求恩同志只见过一面。后来他给我来过许多信。可是因为忙,仅回过他一封信,还不知他收到没有。对于他的死,我是很悲痛的。现在大家纪念他,可见他的精神感人之深。"

毛泽东的这段话,已经铭记于广大读者的心中。至今仍有数不清的人,不仅对这段话记忆犹新,而且也能把那篇不朽的雄文《纪念白求恩》倒背如流。

这段话,是当事人之一的毛泽东亲自说的,清楚地讲了他与白求恩"只见过一面"。

但长期居住在加拿大的学者李彦教授,经过自己的细致追寻,得出的结论是:毛泽东与白求恩之间,不止见过一次面。她说:"几十年之后,在远离祖国的地球另一端,我却惊讶地发现,毛泽东与白求恩,至少见过三次面,而绝非仅仅一面。"

据她考证:毛泽东与白求恩的第一次会面,是许多文章里都提到过的,发生在1938年的春天。

毛泽东与白求恩的第二次会面,大约发生在1938年4月中旬,虽然没有直接的公开记录,但仍有线索可寻。

毛泽东与白求恩的第三次会面,发生在白求恩即将出发去五台山的前夕,一张令人意想不到的照片为此做了最好的注脚。

许荣初、赵大军、袁耀锷创作的油画《毛主席会见白求恩同志》

第一次见面到底是哪天?

毛泽东与白求恩1938年春天的第一次见面,是许多文章里都提到过的。但究竟是哪一天,中外史料却有不同版本。

中国方面一般都认为,他们的见面,是在那年的3月底,白求恩一行经过长途跋涉,刚刚抵达延安的当天夜晚。也有文章说,是在4月2日那天夜里。中国有不少绘画作品,呈现了毛泽东主席与白求恩在窑洞里秉烛夜谈的温馨场面。

如此不寻常的会面,若按白求恩的习惯,毫无疑问,将会一字一句,详细写入他的日记或信函之中。然而,时至今日,查找白求恩研究的英文资料,我却一直没有发现他留下过这一天的记录。但是在陪同白求恩一起抵达延安的医疗队成员、加拿大护士珍妮·尤恩的回忆录里，我们能看到她为白求恩与毛泽东那次历史性的会面留下的鲜活记录。

珍妮回忆说，她与白求恩抵达延安之后，马海德用从日军那里缴获的咖啡款待了他们，接着李德也来了，大家一起聊到很晚，将近夜里11点时，才在简陋的边区招待所安顿下来。招待所的房间，是仅用门帘隔开的窑洞，泥土地面，墙上新刷了白浆，窗框上糊着白纸，桌上燃着两盏豆油灯。

珍妮说，她正在琢磨，明天想独自一人去延安城里逛逛呢，突然间，一个年轻人来到门口，朝她敬礼，说道："很抱歉，同志，这么晚了来打扰你。但毛主席要尽快见白求恩大夫。"

珍妮马上冲到白求恩的房间里，告知了这个消息。白求恩本已躺下了，但不到一分钟就迅速穿好了衣裳。此时，白求恩站在珍妮房间外，说了一句："哦，你用不着跟着去。"

珍妮岂肯放弃这个难得的机会呢？她立即反驳说："既然我还没被这支医疗队正式除名，我觉得我有资格一同前往！"

白求恩匆忙解释，她误解了。也许，他以为，年轻姑娘风尘仆仆，奔波了数天，巴不得早点休息呢。

下面是珍妮的描述：

"陪同我们的年轻人解释说，毛主席通常在夜深人静时开始工作，直到早晨八九点钟，而且他只接见重要人物。

"在他的带领下，我们穿过了城里黑暗的街道，沿途不时听到有人大声问询谁啊？

"到了毛主席居住的地方，守在门外的卫士掀开了厚重的门帘，我们迈入了一间光线幽暗的窑洞。靠墙立着一张做工粗糙的桌子，桌上一支高高的蜡烛燃着火苗。金色的光焰洒在桌上摆放的一大摞书籍和报纸上，洒在低矮的窑洞顶，洒在脚下的泥土地上。

"一个男人面朝门口，站在桌子旁，一只手按在书的边沿上。他穿着和延安的八路军战士们一样的蓝色棉军装，但头上却戴着一顶缀有红星的八角帽。投在墙壁上的影子凸显出他高大的身材，飘忽闪烁的烛光为此情此景增添了神秘的气氛。

"他微笑着朝我们走过来，口中说着'欢迎''欢迎'，伸出他修长柔软的大手，紧紧握住了白求恩的手。好大一会儿，两个男人互相凝视着对方，默然无语，接下来，他们便像亲兄弟一样，紧紧拥抱在一起了。

"主席宽阔的前额上留着浓密的黑发。他微笑着与我们在桌子旁坐下。他的秘书说一口流利的英语，所以我无须当翻译了。

"稍事寒暄并谈及我们在山西遇到的困阻之后，白求恩伸出双手，把自己的加拿大共产党党证呈递到毛主席面前。那是印在一块雪白的丝绸上面的，有总书记蒂姆·巴克的签字，并盖有党的印章。

"毛主席郑重其事地接过来看了，然后对白求恩说，我们将把你的关系转入中国共产党，从现在起，你就是我们中的一员了。

"此时，主席好奇地问我，你是在哪里学了这么一口流利的中国话的？

"谈话很快涉及五台山的八路军和游击队，那里急需医疗援助。白求恩无疑将会有用武之地，但他不敢肯定，我是否能适应那里异常艰苦的环境。

"整个谈话期间，我们一杯接一杯地喝茶，一把又一把地吃着花生米、葵花子。在这片贫瘠的土地上，这些就是最好的待客茶点了。

"过了一会儿，毛主席问我：'你有没有觉得，白求恩大夫长得很像列宁？'他站起身来，打量着这位医生的侧面轮廓。

"我笑着逗乐说：'是的，挺像。不过，白求恩大夫的后脑勺比列宁的后脑勺形状更好看些。'

"秘书把我们聊天的大意告诉了白求恩。白求恩听了，十分高兴，露出受宠若惊的神情。的确，有些时候，他看上去真的和列宁十分相像。

"我们四人的交谈越来越热乎，但有的话题花费了不少时间却没能达成结论。黑夜就像长了翅膀，转瞬即逝。不知不觉间，已是4月2日的凌晨了。东边山峦上露出了黎明的曙光。远处传来了公鸡的鸣叫声。"

根据珍妮留下的记录，毛泽东主席接见他们俩的日期，就应当是在4月1日午夜之前开始，在2日凌晨结束的。

第二次会面又是何时？

我们知道，白求恩和珍妮在延安停留的一个月里，忙得不亦乐乎。他们一面在傅连暲和马海德的领导下，协助边区医院改进工作，一面兴致勃勃地参观采访。白求恩曾多次给抗大的青年学子们作世界形势报告。在此期间，他勤奋笔耕，撰写了大量散文通讯，用热情洋溢、挥洒自如的笔触，向西方世界介绍了会集在延河畔宝塔山下的这支中国革命的生力军。

与此同时，在豫东教会医院工作的加拿大传教士理查德·布朗医生也赶到了延安，令白求恩喜出望外。

原来，白求恩和珍妮在汉口停留时，与这位加拿大同胞偶然相遇，曾竭力动员他加入医疗小组，共同为八路军服务。鉴于白求恩与医疗队里那位美国酒鬼医生帕森斯因政见不合而分道扬镳，医疗队就只剩下了白求恩这一名医生，严重缺乏人手。

布朗是外科医生，来中国已经十年之久，能说一口流利的河南话。他利用自己的三个月假期，悄悄来到陕北，助白求恩一臂之力。

据珍妮说，布朗医生和白求恩收到了与毛泽东会见的邀请。这次会见，是哪一天发生的呢？不知道。白求恩是否陪同布朗医生一同参加会见了呢？也不知道。

《在中国当护士的年月》
一书中文译本封面

珍妮只是在回忆录中说，接见之后，布朗曾对珍妮感叹："没想到毛泽东竟然是一个如此谦和儒雅的君子，完全不像国统区媒体上所妖魔化的那样。"珍妮告诉他，毛主席仅仅接见重要人物，所以你应当感到荣幸。

布朗自愿前来帮助八路军，毛泽东当然感激备至。珍妮描述了中共中央宣传部招待他们看电影的经历。

"那是一部在露天场地放映的苏联电影《夏伯阳》。天还没黑透呢，银幕的前前后后就摆满了条凳，四周的房顶上，也挤满了人，已无插针之地。除了党政机关的干部，远近十里八乡的老百姓也都携家带口，前来观看这新奇的西洋景。

"电影放映完后，毛主席做了简短的讲话，介绍了三位从加拿大远道来华救死扶伤的医护人员。此时，有个小鬼建议，让加拿大的医生给大家唱一首歌。

"白求恩大大方方地站起身来，唱了一首流行小调《乔·希尔》（这首歌是为了纪念一位因领导罢工运动而被判死刑的美国左翼运动领袖。——引者注），当布朗医生把歌词大意翻译成中文后，赢得了全场热烈的掌声。"

这是一个延河上闪烁着流萤、空气中洋溢着欢乐的迷人的春夜。白求恩、珍妮、布朗、马海德一同回到招待所之后，仍然毫无倦意，兴奋得侃侃而谈。大家决定，派遣珍妮去西安一趟，为八路军采购一批必需的医药用品。

根据白求恩信函中所述，珍妮是在4月20日那天动身，乘坐从延安出发的大卡车，前往西安的。那么，毛泽东和白求恩第二次见面的时间，就应当是1938年4月中旬，在电影招待会的那个春夜。

一张照片显示他们的再次会面

2013年的暑假,李彦教授回国出差,在北京见到了白求恩精神研究会的几位负责人。她得知:全世界独一无二的毛泽东与白求恩的合影照片,存放在加拿大。"当我第一眼看到那张年代久远、颜色泛黄的黑白照片的复印件时,便毫不犹豫地断定:这是真实的,绝非伪造!"

白求恩和毛泽东侧身并排而坐,从姿势上看,似乎是坐在那种称为"马扎"的小板凳或者是没有靠背的长条凳上。地点,在一个光线幽暗的场所里。他们俩斜后方露出的半张脸,根据轮廓,好像是朱德总司令。看情形,大家似乎正在大礼堂里听报告,抑或观摩文艺演出。

据说,照片的拥有者是一位叫比尔·史密斯的加拿大老人。他长期以来过着离群索居的生活,甚少抛头露面。由于对中国怀有深厚感情,他才与一个华裔移民交往,并向他展示了自己收藏多年的珍贵文物。白求恩精神研究会的几位负责人委托李彦帮助寻找到老人,并把照片带回中国。

返回加拿大之后,李彦经过一番搜索发现,早在2012年5月,安大略省伦敦市的英文日报《伦敦自由报》就已刊登过这则新闻了:

白求恩的遗物将会去中国吗?

记者:詹姆斯·瑞内

居住在安省伦敦市的退休社会活动家比尔·史密斯小心翼翼地展开了一封信,那是诺尔曼·白求恩写给他母亲

文中所提毛泽东与白求恩合照,由作者提供

的。旁边放着一张照片,注明日期是1938年5月1日,是白求恩与毛泽东在中国的合影。史密斯的父母和这位令人尊敬的加拿大医生曾经是朋友。他正在寻找机会,把一些相关的资料出售给中国,因为那里是白求恩广受爱戴的地方。

白求恩去世之前的几个月,他曾给史密斯的母亲莉莲写过一封信,同时也给其他加拿大共产党的朋友们写了信。这封寄给莉莲的信来自华北的晋察冀边区,时间是1939年8月15日。白求恩写道,他希望在11月时回加拿大一趟,专程去募捐。

"他的愿望却永远未能实现。"比尔·史密斯说。

如今,史密斯准备把他家里保存的白求恩遗物送到对这位医生尊敬有加的国度去。直到今天,史密斯还秉承着他的家族传统，身为加拿大左派并保持着与中国文化的纽带。

　　他的一位朋友已经返回中国，探索移交白求恩遗物的渠道。史密斯也打算专程去渥太华一趟，探讨如何处理这些家传遗物。

　　"中国有几处白求恩纪念馆。我真诚地希望，这些遗物能在白求恩纪念馆中让公众瞻仰。"他说。

读罢报道，李彦抑制住激动的心情，迫不及待地给《伦敦自由报》这位记者打去了电话，并在他的热心协助下，打听到了比尔·史密斯的下落。双方通信之后，又经过数月之久的耐心等待，才终于约定了见面时间。

　　在老人的家里，李彦看到了那张珍贵的照片，也看到了照片背面白求恩留下的字迹："毛泽东和白求恩，延安，38年5月1日"。

　　这第三次会面的时间，由白求恩自己证实了。但会面的场所，究竟在哪里呢？

　　在珍妮的回忆录里，记叙了她从西安采购药品返回延安的那一天，恰好赶上了"五一国际劳动节"。珍妮描述了举行庆祝活动时的热闹景象。除了盛装打扮的军民游行队伍，她特别提到了毛泽东长达三个小时的对公众讲话，还有其后的军民联欢。她不但享用了瓜子、糖果、饼干，还看了场电影《假如明天战争》。

　　不错，根据那张照片上的场景和坐姿，显然，毛泽东和白求恩正并肩坐在长条板凳上，在延安的大礼堂里，观看电影。

　　查验白求恩留下的书信，李彦进一步了解到，他和布朗医生是在5月2日早晨离开延安，前往晋察冀前线的。

　　毛泽东与白求恩的这次会面，确凿无疑了。

人的记忆，是会出差错的。日理万机的伟人，自然也难免。但转念一想，李彦忽然悟到，也许毛泽东所说的"只见过一面"，指的是双方第一次正式的、专门的会见，而没有包括他在其他非正式场合与白求恩的数次相遇。

（李彦撰写）

卷 八

新年之际给宋庆龄的一封书信

毛泽东与宋庆龄一生中多有书信往来。由中共中央文献研究室编辑出版的《毛泽东书信选集》中，就收录了毛泽东在20世纪30至50年代写给宋庆龄的书信4封。信中或垂询国事，或致意问候。从现保存的毛泽东书信手稿可以看到，毛泽东写给宋庆龄的每封书信都用心用意，特别是1949年6月19日毛泽东邀请宋庆龄北上参加新政协的那封书信，堪称书法珍帖。不过，认真研读这些书信，其中一封落款时间为"一九五六年一月二十六日"的信，从内容和相关档案考证看，其年份显然有误，值得一探究竟。

这封信写了些什么

毛泽东给宋庆龄的这封信，写于新年1月，正好是新旧年交替之际。全文如下：

亲爱的大姐：

贺年片早已收到，甚为高兴，深致感谢！江青到外国医疗去了，尚未回来。你好吗？睡眠尚好吧。我仍如旧，十分能吃，七分能睡。最近几年大概还不至于要见上帝，然而甚矣吾衰矣。望你好生宝养身体。

> 毛泽东
> 一九五六年一月二十六日

从信中看出，这封信是以"家人""亲人"的口吻写的，语言温润亲切，内涵丰富、信息量大：

一是表达了双方的新年祝贺，相互感谢！

二是告知家里情况和自己的近况，亲切问候！在告知自己的情况时还以俏皮的语言说："我仍如旧，十分能吃，七分能睡。最近几年大概还不至于要见上帝。"

三是深切关心问候对方："睡眠尚好吧"，"望你好生宝养身体"。

毛泽东与宋庆龄之间深厚的革命情谊，跃然纸上！

这封信为什么时间上有误？

为什么说这封信的落款时间有误呢？且看下面的考辨：

这封信的年份有误：如果这封信是1956年所写，那么信中所述的内容，与这年所发生的情形不相吻合。

首先，毛泽东说贺年片早已收到，这与宋庆龄当时的活动不相吻合。据《人民日报》载：1955年12月16日至1956年2月4日期间，宋庆龄以全国人大常委会副委员长身份，先后在印度、缅甸、巴基斯坦访问，2月5日才从昆明飞抵北京。在此过程中，宋庆龄给毛泽东发送贺年片的可能性不大。

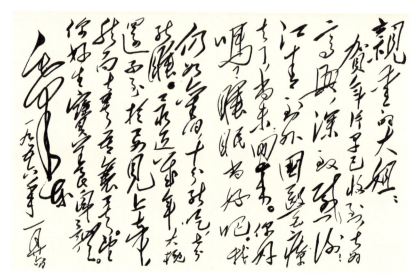

毛泽东给宋庆龄的信

其次，毛泽东信中说江青到外国医疗去了，尚未回来。对于此事，据当时陪同江青去苏联治病的李公朴之女张国男回忆，江青这次去苏联治病，是1956年5月出发的。故1956年1月此事当未发生。

据档案披露：毛泽东给宋庆龄的这封信的实寄封，其信封尚保存完整，并与这封信的内容一起公开发表在中央档案馆所编的《毛泽东手书选集》第4卷上。

从信封上我们可以读到多项信息：

一是这封信的邮寄地址是从北京寄往上海的。如是1956年，宋庆龄当时在进行这样重要的外事活动，毛泽东对此应是知道的，他不会在宋庆龄不在上海时将信发往那里。

二是信封的邮寄日戳显示的日期为：57.1.27，标明这封信发出的年月日。

卷八　新年之际给宋庆龄的一封书信　99

毛泽东给宋庆龄的信信封

三是信封上所贴邮票，是为纪念中国共产党八大召开所发行的"纪37"号票，查《中华人民共和国邮票目录》可知，此枚邮票发行日期为1956年11月10日，如果此信的时间为1956年1月，则不可能贴有这枚邮票。

其他佐证：这封信写于1957年1月

据现看到的档案，毛泽东写有这一年月日的信件共3封。

除给宋庆龄的这封外，还有给他的老师黄宗潘、朋友许志行的信。其中给黄宗潘的信，当时在首钢经办过此信的当事人徐炳忠，以《毛泽东尊师重道的一段往事》为题，在2013年《党的文献》上发表的文章中，曾对黄宗潘的这封信的年份作了说明：他经办这封信和黄宗潘亲属提供的相关材料证明，这封信应是写于1957年。据此，中共中央文献研究室在编写《毛泽东年谱》时

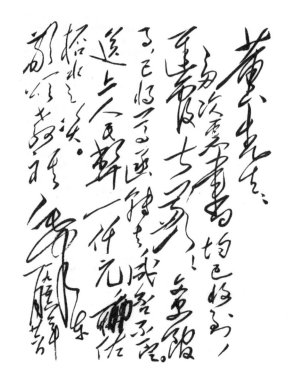

毛泽东同日给老师黄宗潜的信

将这封书信编在了1957年,这亦佐证了毛泽东所写的这个年份有误。

同时,这3封书信还以同一年月日编入《建国以来毛泽东文稿》第6册。据悉,有关方面正在考虑,在将来重印《毛泽东书信选集》和修订《建国以来毛泽东文稿》时加以订正。

毛泽东这3封信所署年份之误,可能是岁末年初,对新旧历法记忆混叠所致。因1956年(农历丙申年)十二月与公元1957年1月的日期同一,容易造成混淆。

历史,有许多值得探究的乐趣。笔者考证,毛泽东给宋庆龄的这封落款时间为"一九五六年一月二十六日"的信,应该是写于1957年1月26日。

邮戳显示，中南海邮政支局发出信的这天，正好是宋庆龄的生日；而按常规，毛泽东的亲笔信，远在上海的宋庆龄刚好可以在当天收到！

（周炳钦撰写）

卷 九

毛泽东亲自转赠的一个特殊书柜

在位于北京市西城区西斜街36号的马克思主义传播史展览馆里,有一个兼具东西方风格、带有浓郁历史厚重感的书柜格外醒目。书柜里整齐有序地排列着107册装帧精美、风格统一的德文原版马克思主义经典文献著作。这些精美的图书有何特殊之处?又是来自哪里?知情人士说,这是德国人送给毛泽东的!那它为什么会放在这里呢?

这还要从德国说起。

威廉·皮克与中国的情谊

在世界共产主义运动和工人运动的历史大潮中,德国一直占有重要地位。它不仅是马克思主义创始人马克思和恩格斯的故乡,有着悠久的工人运动传统,还培养了一批思想理论家和工人运动的杰出代表,建立了德国历史上第一个红色政权——德意志民主共和国。威廉·皮克是在德国工人阶级斗争中逐渐成长为德国乃至国际工人运动的杰出代表,他是德国共产党和德国统一社会党的创始人、德意志民主共和国的领导人。

1876年,威廉·皮克出生于德国古本市一个工人家庭。他14

岁时成为一个木匠学徒，18岁时加入木匠工会，次年加入德国社会民主党。作为德国社会民主党和工会的积极工作者，威廉·皮克多次参加并领导了德国的工人运动，与卡尔·李卜克内西、罗莎·卢森堡、克拉拉·蔡特金等并肩战斗，在德国工人运动以及反对帝国主义战争和德皇政府中锻造了坚韧的斗争精神。在俄国十月革命的影响下，威廉·皮克与他的战友发动了十一月革命，创立了德国共产党。1945年法西斯灭亡后，威廉·皮克领导的德国共产党与德国社会民主党合并为德国统一社会党，德国社会主义工人运动内部的分裂就此消除，威廉·皮克被誉为"统一的创立者"。1949年10月7日，民主德国宣布成立，11日，威廉·皮克当选民主德国第一任总统。

威廉·皮克不仅领导了德国的工人运动和共产主义运动，而且一直十分关心国际共产主义运动的发展，高度关注中国共产党的革命和建设事业。早在1928年，他就参加了共产国际的领导工作，担任共产国际执行委员会委员。1931年起，他担任共产国际执行委员会主席团委员和书记处书记，为国际工人运动做出重要贡献。民主德国成立后，在威廉·皮克的领导下，民主德国与中华人民共和国保持着友好交往。1954年7月29日，威廉·皮克在民主德国接见了周恩来率领的中国党政代表团，就加强两国友好关系进行了亲切交谈。1955年12月，时任民主德国总理奥托·格罗提渥率领的代表团来华访问，与我国签订了《中德友好合作条约》，发表了两国政府联合声明，明确双方在互相尊重主权、互不干涉内政、平等互利的基础上，巩固和发展政治、经济、科技、文化等各方面的合作关系。1956年1月，朱德率团赴柏林出席了威廉·皮克80寿辰庆祝大会，为世人留下了祝酒的经典照片。20世纪50年代，双方高层的频繁互访进一步加深了两国的友谊。

1959年，威廉·皮克已83岁高龄。那年4月30日，时任德意志民主共和国人民议院主席团主席、自由民主党副主席约翰尼斯·狄克曼及议院主席团第一副主席、统一社会党中央委员会政治局委员赫尔曼·马特恩一行应邀访问中国，与另外十个社会主义国家代表团和驻华使节一同参加我国五一国际劳动节庆祝活动。访问期间，狄克曼和马特恩一行受到毛泽东和周恩来的亲切接见。狄克曼向毛泽东转交了威廉·皮克精心挑选、嘱其赠送给毛泽东的一批精装版马克思主义经典文献，以此表达威廉·皮克对毛泽东以及中国人民的深厚情谊，展示国际共产主义运动阵营中兄弟国家共同的理论基础与思想共鸣。

就在这批文献赠送后第二年的9月7日，威廉·皮克在柏林逝世。当晚得知消息后，毛泽东、刘少奇、周恩来、朱德、邓小平、董必武等前往民主德国驻华大使馆吊唁，在皮克总统的遗像前静默悼念。此后，随着中苏分裂和国际共产主义运动的风云变幻，毛泽东再没有亲赴使馆悼念苏联和东欧国家领导人，这也成为他最后一次亲自悼念苏联和东欧国家领导人。1960年9月10日，在威廉·皮克殡葬之日，我国全国下半旗一日向威廉·皮克的逝世致哀。在中共中央致德国统一社会党的唁电中，威廉·皮克被称为中国人民最亲密的朋友。

毛泽东转赠赠书

毛泽东一生酷爱读书，并注重对书籍的收藏。几十年来，他积累了9万余册藏书，内容纵贯古今中外，囊括马克思主义经典著作、哲学、经济、政治、军事、文艺、历史、科技、宗教等各领域。在这些卷帙浩繁的藏书中，外文图书也并不罕见。毛泽东的外文藏书主要来自国际友人的馈赠，包含了英文、俄文、德文、法文、日文等各类语言。

与其他国际友人赠书不同，威廉·皮克所赠送的这批文献并没有继续保存在毛泽东藏书之中。在获得这批赠书后不久，为了最大程度地发挥这批马克思主义著作的文献价值和收藏价值，考虑到中央编译局作为中央专门成立的马克思主义著作编译机构，毛泽东将这批经典文献，连同书柜一起全部转赠给原中央编译局。收到文献后，原中央编译局精心将其收藏在图书馆珍本库中。2011年，随着马克思主义传播史展览馆的建立，这批藏书又被收藏展示于马克思主义传播史展览馆中。

这批藏书共计81种107册，全部为狄茨出版社20世纪50年代出版的德文马克思主义经典著作。从内容上看，这批文献主要包括三类：一是马克思主义经典作家著作的部分全集本和单行本，包括《马克思恩格斯全集》第1至3卷，《列宁全集》第3至10卷、23卷，以及《共产党宣言》《哥达纲领批判》《资本论》《政治经济学批判大纲》《自然辩证法》《社会主义从空想到科学的发展》《国家与革命》等；二是威廉·皮克本人及其战友们——德国马克思主义思想理论家、德国工人运动的著名活动家、民主德国的领导人们的著述，包括威廉·皮克自己的著作《威廉·皮克演说论文集》4卷本，罗莎·卢森堡的《罗莎·卢森堡演讲著作精选》两卷本，弗兰茨·梅林的《中世纪结束以来的德国史》《莱辛传奇》，克拉拉·蔡特金的《回忆列宁》《德国无产阶级妇女运动史》，恩斯特·台尔曼的《恩斯特·台尔曼关于德国工人运动史演讲论文集》，瓦尔特·乌布利希主编的《德国工人运动史》前4卷，奥托·格罗提渥的《奥托·格罗提渥演讲著作集》3卷本等；三是苏联领导人加里宁的《论共产主义教育》以及马克思主义理论家普列汉诺夫的《论一元论历史观的发展》《唯物主义史论丛》《联共（布）党史简明教程》等。

毛泽东赠书的独特版本

2018年，中央党史研究室、中央文献研究室和中央编译局职责整合，组建中央党史和文献研究院，如今院信息资料馆藏有大量马克思主义经典作家全集、选集、单行本著作，以及国际共产主义运动和国际工人运动方面的外文文献，形成了丰厚的马克思主义文献馆藏体系。就其文献内容本身而言，毛泽东转赠的威廉·皮克这批文献在中央党史和文献研究院信息资料馆馆藏中多有收藏，文献本身的价值并不凸显。然而，就其版本而言，这批文献则具有十分独特的价值。

这批文献全部采用统一的封面形式，装帧精致考究。赠书均为羊皮包面，封面多采用上口烫金、文字涂金的设计形式。这一版本在经典著作的出版史上极为罕见，国内外鲜有收藏。这一点也得到国外马克思主义著作编辑研究专家的印证。据老同志回忆，德国著名编辑学家、国际马克思恩格斯基金会编委会和学术鉴定委员会成员理查德·施佩尔教授及德国著名历史学家、国际马克思恩格斯基金会秘书长曼弗里德·诺伊豪斯教授曾访问原中央编译局，在看到毛泽东转赠的赠书时，他们都表现出极大的兴趣，对这批文献的独特版本感到十分惊奇。他们一致认为，这批文献的版本极为稀有，甚至推测这批赠书或许是威廉·皮克嘱托狄茨出版社专门为赠送毛泽东而订制的独特版本，这无疑进一步提升了这批文献的版本价值。

风云激荡，时空变迁。毛泽东转赠威廉·皮克赠书距今已过去60余年。60余年来，在世界发展的滚滚洪流中，国际共产主义运动已发生了巨大变化。国际共产主义运动虽遭遇了苏东剧变的严重挫折，但也展现出了中国特色社会主义事业发展的勃勃生机。如今，这批赠书依然珍藏在中央党史和文献研究院马克思主义传播史展览馆里，在静谧与喧嚣中讲述着它的故事，见证着毛泽东与威廉·皮克坚定的友谊和毛泽东对马克思主义经典著作编译和研究事业的殷殷嘱托。

（崔友平撰写）

卷 十
从未写过如此"民主颂"

每年7月4日前后,网上都会出现这样一种怪现象:有人传,毛泽东为1943年7月4日重庆出版的《新华日报》写了一篇社论《民主颂——献给美国的独立纪念日》,热情洋溢地"歌颂"了美国式的民主。

网上这么一传,还就真有人信了,因为网络文章或者附了《新华日报》的照片,但这张照片模模糊糊让你找不到毛泽东的名字;或者煞有介事地附了一个不知道哪里来的英文稿,也让你看不清写的是什么!这样的东西让网民们不明真相,以为真是毛泽东写的!

毛泽东真的写过这样一篇"雄文"吗?稍稍有点常识的人,就会去翻翻当天的《新华日报》,或者翻遍所有的《新华日报》,调查一下有没有这样一篇毛泽东的文章。

历史真相究竟是什么呢?

《民主颂》到底是篇什么文章、作者是谁?

《民主颂》不是社论,作者确有其人。

事情其实很简单。到图书馆查阅旧报纸可知,《民主颂——

献给美国的独立纪念日》一文最早刊登于1943年7月4日《新华日报》第四版新华副刊,作者是一个名叫唐徵的人。

当日的《新华日报》共有四版,第一版全是广告,第二版刊登了当日社论《巩固工作竞赛成绩》,内容与美国独立纪念日完全无关,第三版报道了国际国内新闻,第四版为新华副刊。可见,《民主颂——献给美国的独立纪念日》并非当天的《新华日报》社论,而是刊登在新华副刊上的一篇普通文章。

还有人编造说,这位作者唐徵,就是毛泽东的笔名!果真这样吗?稍懂一点历史的人,或者稍有常识的人,就能考证出来:唐徵这个名,与毛泽东毫无关系,但确有其人。

唐徵,又名唐征久,1912年生,共产党员,曾任《华西晚报》主笔,是当时颇有名气的知识分子。1948年8月因策划岳池起义被国民党以"煽覆罪"为名逮捕。1949年11月27日,唐徵与陈然、张泽厚等300余名革命烈士,同时牺牲于重庆渣滓洞监狱,时年37岁。

冠"毛泽东"名的一场闹剧

唐徵写的这篇《民主颂》发表后,并未引起多少人注意,逐渐被人遗忘。直到20世纪末被收入笑蜀主编的《历史的先声——半个世纪前的庄严承诺》一书,并冠上《新华日报》社论字样,这是错讹的开始,也为别有用心的人留下了"素材"。该书收入多篇20世纪40年代《新华日报》《解放日报》等报刊发表的文章,1999年由汕头大学出版社出版,2002年香港博思出版社以《历史的先声——中共半个世纪前对人民的庄严承诺》为题再次出版。此后,每逢7月4日美国独立纪念日,这篇文章在网络上都被反复传播,并加上了所谓"毛泽东著""《新华日报》社论"等内容。这场闹剧便愈演愈烈!

辟谣文章早把问题讲清楚了

本来事实很清楚,但谣言却越传越广,因为广大读者不了解实情,不明真相的人越来越多。

对此,一些网站专门发表文章,驳斥有关"新华日报社论《民主颂》"的谣言,其实已经把事实讲清楚了。

为进一步说清事实,中央文史研究馆、上海文史馆联合主办的《世纪》杂志2020年第2期发表了澳门理工学院"一国两制"研究中心副教授何志辉写的一篇驳斥文章:《"社论"〈民主颂〉作者并非毛泽东》。这篇文章通过查阅1943年7月4日前后4天的《新华日报》,结合历史背景,指出该文的作者不是也不可能是毛泽东,并指出2006年中国炎黄文化出版社出版的小说《黑牢之恋》有虚构该文是毛泽东为《新华日报》撰写的社论的情节,可能是谣言的"源头"。

2020年7月6日,微信公众号"新文化研究"也发表文章《〈民主颂〉是一篇被修改过的伪文》予以驳斥。

类似的辟谣文章,网络上还有很多。

个别自媒体和网民以讹传讹、别有用心

然而,个别自媒体和网民在转发谣传文章时,无视再清楚不

过的历史事实，仍然无中生有，编造并刻意强调唐徵是毛泽东笔名，该文是毛泽东"在中国人民抵抗日本侵略者的战争最艰苦的时候"，"亲笔为在重庆的中共中央机关报《新华日报》起草了社论：《民主颂——献给美国的独立纪念日》，表达了对美国式的民主的景仰之心"，"1944年美国代表团到访延安时欢迎会上毛泽东曾以此文致辞"，"这篇文章不是毛泽东也是周恩来批准才会发表的，说不定就是他们亲自写的"，并且认为这样一篇文章可以"给伟人的前后不一做一次历史见证"，云云……以此来污蔑毛泽东等中共领袖人物。

还有个别自媒体和网民进一步附会称，美国式的民主是"真正的人类文明制度"，中国应当"跟上人类现代文明的脚步"，"我们中国缺少一个好的制度或者好的体制"，"只要我们国家有1943年的觉悟，中华民族永远都会屹立于世界民族之林"，以此否定中国特色社会主义制度和党的路线方针政策。

对偷梁换柱、张冠李戴的东西，勿要上当

如此看来，这篇"网红"《民主颂》真是历史虚无主义偷梁换柱、张冠李戴的一个典型见证！造谣者无视该文的真正作者，也无视当时唐徵个人写作时的特定历史背景，肆意捏造史实，无非是想"以彼之道，还施彼身"，假借它来攻击毛泽东在新中国成立前后自食前言，暗示共产党70多年前的庄严承诺没有兑现，表达"精美"、政治改革的思想诉求和政治诉求，歪曲丑化中共领袖人物和中国特色社会主义制度。

可是,历史就是历史,不能凭空捏造。谣言手段如此低劣,内容着实好笑。对这类东西,我们还是要多调查一下,多问几个为什么,擦亮眼睛,千万不要上当!

(闫笑岩撰写)

第四编　编辑举要

卷十一
亲自发起、集体编撰《红军长征记》

毛泽东多次说过，自己最理想的职业是当个教员。"我是一个知识分子，当一个小学教员"，"没有想到打仗"，"我历来是当教员的，现在还是当教员"。除了有当教员的愿望以外，毛泽东还特别擅长于当编辑。有许多例子可以说明，他主动发起编辑工作，有着深刻的用意。

20世纪30年代，中国共产党领导的红军长征，是"中国共产党和红军谱写的壮丽史诗，是中华民族伟大复兴历史进程中的巍峨丰碑"。不仅"在中国历史上是绝无仅有的，在世界战争史乃至人类文明史上也是极为罕见的。"

为记录这段伟大而罕见的历程、挖掘其中生动感人的事迹、发扬和传播红军长征精神，早在中央红军长征到达陕北不久，毛泽东便亲自发起编撰忆述文章，不久后形成了《红军长征记》（又名《二万五千里》）。正式出版，则延迟到1942年11月。

毛泽东亲自起草征稿信

1935年10月，中央红军经过二万五千里长征，到达陕北革命根据地。几个月后，即1936年春天，经毛泽东提议，由红一方面军政治部宣传部负责，开始组织征集撰写红军长征的忆述文章。最初计划是将能找到的原始文件资料和征集到的长征亲历者的口述经历以及日记等材料集中起来，再请几个"笔杆子"进行编写。但是，由于"被指定写的人偏忙着无时间，一直延宕到8月"。这样，组织者不得不改变原定计划，"而采取更大范围的集体创作"。

也就是在这个时候，美国记者斯诺进入陕北苏区采访。斯诺的到来，客观上促进了毛泽东加紧国内外扩大宣传红军影响的想法。1936年8月5日，毛泽东起草并以他与总政治部负责人杨尚昆联名的形式，发出了一封致各部队首长的电报和一封致参加长征同志的信。

致各部队首长的电报说："现有极好机会，在全国和外国举行扩大红军影响的宣传，募捐抗日经费，必须出版关于长征记载。为此，特发起编制一部集体作品。望各首长并动员与组织师团干部，就自己在长征中所经历的战斗、民情风俗、奇闻轶事，写成许多片断，于9月5日以前汇交总政治部。事关重要，切勿忽视。"

致参加长征同志的信中写道："现因进行国际宣传，及在国内国外进行大规模的募捐运动，需要出版《长征记》，所以特发起集体创作。各人就自己所经历的战斗、行军、地方及部队工作，择其精彩有趣的写上若干片断。文字只求清通达意，不求钻研深奥。写上一段即是为红军作了募捐宣传，为红军扩大了国际影响。来稿请于9月5日前寄到总政治部。备有薄酬，聊志谢意。"

发起集体撰写和宣传《长征记》的意图很明确：一是为了

进行国内国际宣传，扩大红军的影响；二是为了红军抗日筹集资金。在给各部队首长的电报中，还专门强调："事关重要，切勿忽视。"

在毛泽东的号召下，红军将士们纷纷拿起笔来撰写记述长征的文章。通知发出的第二天，童小鹏就在日记中写道："杨（尚昆）主任、陆（定一）部长又来要我们写长征的记载，据说是写一本《长征记》。用集体创作的办法来征集大家——长征英雄们的稿件，编成后由那洋人带出去印售。并云利用去募捐，购买飞机送我们，这真使我们高兴极了。"这里说的"洋人"就是斯诺。

到1936年10月底，在短短的两个月内，红军总政治部就征集到了约200篇文章，共50多万字。由于将士们撰写这些记述文章时距走完漫漫长征路，也就是短短一年时间，长征途中的种种战斗经历、故事趣闻，仍清晰地浮于脑际，是记忆最真切之时，所以，这批文章具有无可替代的最珍贵的历史文献价值。这些文章中的一部分，还送给了当时已到了延安的斯诺参阅。斯诺在红一军团参谋长左权那里还看到了红一军团编辑的《长征中经过地点及里程一览表》。斯诺自述中说，1936年10月他离开陕北时，"带着一打日记和笔记本，30卷照片，还有好几磅重的红军杂志、报纸和文件"，据说其中就有《长征记》的部分稿件。

由于征稿时，红二、红四方面军尚在长征途中，所以后来编成的《红军长征记》中反映的只是红一方面军长征的情况。

参与撰写《红军长征记》的一些作者的情况

《红军长征记》编者将参加撰稿的这些"可爱"的作者们，称为"数十个十年来玩着枪杆子的人们"。编者最初也曾有过担忧："征文启事发出后，我们仍放不下极大的担心：拿笔杆比拿枪杆还重的，成天在林野中、星月下、铅花里的人们，是否能不使我们失望呢？没有人敢给有把握的确信。然而到了8月中旬，有望的氛围来了，开始接到来稿。这之后稿子从各方面涌来，这使我们兴奋，使我们骄傲，我们有无数的文艺战线上的'无名英雄'！"

在撰写忆述文章的作者中，张爱萍以"艾平""斯顿"的笔名共写了20篇文章，有人考证他也曾参加了部分誊写、编辑工作。彭加伦撰写有11篇文章，还记叙了长征途中将士们常唱的4首歌曲，他当时在红军总政治部宣传部任职，因此也是该书的编者之一。童小鹏撰写了7篇文章，长征时他任红一军团政治部秘书，毛泽东发起征文倡议时，他正在红军大学学习，作为政治部的一位工作人员，有人考证他也参与了此书的编辑工作。

这些长征将士所写出来的亲历文章，仅仅是涉及了可歌可泣的长征战斗和英雄故事的极小部分。正如1937年2月编辑者在说明中表明的："我们把这约三十万言的稿子汇齐了，然而看一看目录，却使人有极大的不满，这里所有的还不到我们生活过的和应该写出的五分之二！然而我们不能再等了，环境和时间都不容许我们了。"

最后编成的《红军长征记》，选用的稿件也只是收到的大量来稿中的小部分，也未曾列出所有提供稿件的红军将士名录。从《红军长征记》收入的100多篇文章和歌词来看，至少有40多位作者，我们是应该记住他们的。他们是董必武、谢觉哉、徐特立、李富春、张云逸、谭政、萧华、彭雪枫、刘亚楼、张爱萍、陆定一、李一氓、王首道、杨成武、冯文彬、邓华、耿飚、莫文骅、曾三、童小鹏、黄镇、贾拓夫、陈士榘、周士第、舒同、廖志高、熊伯涛、张震、郭滴人、刘忠、王辉球、李雪山、李治、彭加伦、陈明、谢翰文、罗华生、周碧泉……

还有一些作者生平不详，如何涤宙、李月波等；另有一些作者用的是笔名，未能查出他们的真实姓名，如曙霞等。

由于工作繁忙和时局变化，发起这次集体编撰《长征记》的毛泽东本人，曾经应允为《长征记》撰写"总述"的愿望未能实现。这件事在谢觉哉的日记中做过记录。1945年11月2日，谢觉哉在日记中这样写道："读《红军长征记》完，颇增记忆。没有一篇总的记述。总的记述当然难。毛主席说过：'最好我来执笔！'毛主席没工夫，隔了10年也许不能全记忆，恐终究是缺文。"这件事成了永远的缺憾！

《红军长征记》的编辑、印制和传播情况

在征稿信发出不久，根据毛泽东和党中央的指示，红军总政治部专门成立了《长征记》编辑委员会，由丁玲、徐特立、成仿吾、徐梦秋等人负责编辑加工。

编委会经过仔细筛选，于1937年2月选定了100余篇文章，10首长征中传唱的歌曲和歌词，还有两篇红军英雄谱，4份资料表。编好的书约30余万字，开始取名为《二万五千里》。编者还写了《关于编辑的经过》，落款是"1937年2月22日于延安"。

《关于编辑的经过》里说："这本书本应早日和读者见面，但因稿子大量涌来后，编辑委员会的人出发了，结果只有一个脑力贫弱而又肢体不灵的人在工作，加以原稿模糊，誊写困难，以致

延长预定编齐的期间约两个月,这是非常抱歉的。"这里提到的"一个脑力贫弱而又肢体不灵的人",是最后完成编辑任务的徐梦秋的自称之语,他当时任红军总政治部宣传部部长,因长征中受风寒双脚被截肢。

从保留在上海的一本誊清稿看,被称为"红军书法家"的舒同,也参加了该书的编辑修改工作。

国内最早报道《二万五千里》一书编辑情况的,是上海的出版刊物。1937年8月,就在卢沟桥事变爆发一个月后,上海复旦大学黎明社出版了《文摘·卢沟桥浴血抗战特辑》(《文摘》第二卷第二期)。在这一期特辑上,刊登了记者任天马的一篇延安采访记:《集体创作与丁玲》。其中说到了《二万五千里》的撰写与编辑经过:"在这里可以比在外面更自由些,更有趣些,没有什么拘束。也许正是因为这里一切都不受拘束,集体创作的'二万五千里长征记'乃得写就了它的初稿。这初稿的内容是从许许多多身经二万五千里路程的征人们日记中采取来的。"文章还说:"起初由参加长征的人自由用片段的文字叙述长征中的史实,在几千篇短文中,选出几百篇较佳的作品。由这几百篇作品加以淘汰,只剩下了百余篇佳作。再按历史的次序排列起来,乃集合成了一部长篇巨著。这长篇巨著,经过丁玲、成仿吾等人加以剪裁后,始成为现在正式的初稿。"任天马还描写了丁玲编辑这部书稿时的工作状态:"在丁玲的桌上,也放着那样宽约一尺,长约一尺半,厚约二寸的一份……这稿子外面包着绿纸的封面,里面是用毛笔横行抄写的。在每行文字之间和上下空余的白纸上,已让丁玲细细地写上无数极小极小的字。据说,在另外的二十三本上也同样改得糊涂满纸了。"采访者当时问:"什么时候可以完成呢？"丁玲说："今年秋天可以完成，现在大家都在加倍努力。"采访者又问："将来怎样发行呢？"丁玲说："能在外面发行更好，有困难呢，我们自己来印。这部东西自然的有它历史的价值。无论如何，它一定会流传到全世界去的。"

就在丁玲预计"今年秋天"可以发排的时候，由于抗日战争全面爆发，不久出现了国共两党合作抗日的新局面。书稿中有的内容似不宜公开出版，再加上编辑人员被派往延安以外的岗位工作等原因，这本书延迟到1942年11月才在延安排版印刷，定名为《红军长征记》，分上下两册，作为内部资料发给有关单位和个人，印数非常有限。

在1942年出版的延安印本《红军长征记》中，有一篇署名"总政治部宣传部"的《出版者的说明》，最后一段是这样说的："本书的写作，系在1936年，编成于1937年2月。当许多作者在回忆这些历史事实时，仍处于国内战争的前线，因此，在写作时所用的语句，在今天看来自然有些不妥。这次付印，目的在供作参考及保存史料，故仍依本来面目，一字未改。希接到本书的同志妥为保存，不得转让他人，不准再行翻印。"

《红军长征记》在延安内部印制以后，朱德总司令曾亲笔签名送了一套给斯诺。斯诺后来带回美国，现珍藏在美国哈佛燕京图书馆。

丁玲所说的"能在外面发行更好"，不只是编辑委员会的意见。在1937年2月编好《二万五千里》一书清样的时候，毛泽东和党中央就曾考虑在外面出版的问题。当时曾通过党内交通员将《二万五千里》一书的誊清稿本带到了上海，交给了冯雪峰（冯雪峰参加完长征到达陕北后，于1936年4月被张闻天和周恩来派往上海，以中央特派员的身份从事党的工作）。冯雪峰拿到《二万五千里》誊清稿本后，原打算尽快在上海出版。后来由于种种原因未能完整出版。在这种情况下，冯雪峰等人通过选登期刊和出版摘编本等方式，尽量将书中的内容传播开去。

1937年7月5日，上海人间书屋出版的《逸经》杂志第33、34期上，连续发表了一篇署名"幽谷"的长篇文章《二万五千里西引记》，介绍了红一方面军的长征。它从中央苏区第五次反"围剿"写起，叙述了红军决定实行战略转移的决策过程。以后按时间顺序，叙述了红一方面军长征中经历的主要战斗、事件以及行军路线，如突破湘江封锁线、四渡赤水、强渡乌江、通过彝民区、飞夺泸定桥、爬雪山过草地、通过藏民区、攻克天险腊子口，最后以吴起镇红一方面军与陕北红军会师，胜利完成长征而结束。这篇连载文章的许多生动情节来自《二万五千里》一书，如：讲述红军品尝茅台酒，引自熊伯涛的《茅台酒》；讲述红军在草地断粮，引自舒同的《芦花运粮》；《红军第一军团西引中经过地点及里程一览表》，与《二万五千里》一书的附表一致；等等。据考证，"幽谷"是化名"王牧师"、参与安排斯诺进入陕北红区的中共地下党员董健吾。这篇文章发表后，立即在上海引起了轰动。

几乎同时，在上海还出现了一本题为《从江西到陕北》的书，署名赵文华，内容也与《二万五千里》雷同，显然为誊清稿本之摘录本。

由于在上海完整出版未果，冯雪峰将《二万五千里》誊清稿本原件，交由为党做过不少工作的党外人士谢澹如保管。1962年，谢澹如的子女将包括《二万五千里》誊清稿本的一批革命文物捐给了上海鲁迅纪念馆。这部誊清稿本,与1942年延安出版的《红军长征记》内容大体相同,但有的篇目是延安版中没有的,而延安版中有一些篇目该誊清稿上也没有。2006年9月,上海人民出版社将上海鲁迅纪念馆珍藏了几十年的《二万五千里》誊清稿本重新影印出版,具有很高的文献价值。

新中国成立后,在纪念红军长征20周年之际,中共中央宣传部曾于1954年在其内部刊物《党史资料》上,分三期发表了《中国工农红军第一方面军长征记》,这是根据延安版的《红军长征记》整理而成的。1955年,人民出版社出版了《中国工农红军第一方面军长征记》一书,书中选取了延安版《红军长征记》的回忆文章51篇,诗1首,并附表3份和综述文章4篇。

根据上述版本,在纪念红军长征胜利70周年之际,中央文献出版社以《亲历长征——来自红军长征者的原始记录》为书名,解放军文艺出版社以《红军长征记》的原书名,分别出版了该书,将当年长征亲历者们讲述的历史再次展现在世人面前。

(杨明伟撰写)

卷十二

亲自指导编辑《不怕鬼的故事》?

"死去元知万事空",共产党人是无神论者,本不信什么鬼神之说。可是,在20世纪五六十年代,毛泽东却屡屡讲述"不怕鬼"的故事,还专门指导编辑了一本《不怕鬼的故事》,供党的领导干部和广大人民群众阅读。毛泽东所说的"鬼"是有所指的。他为什么要指导编辑这样一本书?个中原因,值得一探究竟。

"今天世界上鬼不少"

从1957年起,台湾海峡局势和中美关系再度紧张起来。为反击美国和国民党台湾当局的挑衅进攻,维护中国的主权和独立,1958年8月23日,人民解放军炮击金门,一下子震动了整个世界,全世界的目光聚集于台湾海峡。毛泽东指出:"我们的要求是美军从台湾撤退,蒋军从金门、马祖撤退,你不撤我就打。"

中印之间,爆发了边境冲突。1959年西藏发生叛乱以后,印度政府向中国提出大片领土要求,印度武装人员不断侵入中国管辖、控制的地区,设立多个哨所和据点。1962年8月以来,中印边境紧张局势逐步演变成中国的边境自卫反击战。

中苏论战之后,两党两国关系急剧恶化。1966年3月以后,

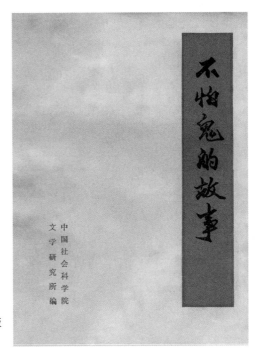

1961年2月人民文学出版社出版的《不怕鬼的故事》

苏联在中苏边境和中蒙边境陈兵百万,使中国在国家安全方面感受到巨大的威胁。中苏边境的武装冲突也在加剧,直至1969年3月2日在乌苏里江珍宝岛爆发了大规模武装冲突。

怎么应对来自西方世界的反华浪潮以及苏联和周边国家的威胁挑衅呢?"我们共产党人是以不怕困难著名的",在困难面前,毛泽东无所畏惧。在他看来,一切敌人、对手和困难,都属于"鬼",只要不怕它,就能战胜它、克服它。

1959年5月6日,毛泽东在会见11个国家的访华代表团和这些国家的驻华使节时,针对西藏叛乱及随之陡然紧张起来的中印关系,说了这样一番话:

"今天世界上鬼不少。西方世界有一大群鬼,就是帝国主义,在亚洲、非洲、拉丁美洲也有一大群鬼，就是帝国主义的走狗、反动派。"

后来，毛泽东还说过：世界上并没有过去的故事里所说的那种鬼，但是世界上又确实存在着许多类似鬼的东西。大而至于国际帝国主义及其在各国的走狗，严重的天灾，一部分没有改造好的地主阶级分子资产阶级分子篡夺某些基层组织的领导权，实行复辟，小而至于一般工作中的困难、挫折等，都可以说是类似鬼的东西。

"我想把不怕鬼的故事、小说编成一本小册子"

认清了各种"鬼"的真实面目，怎么对待呢？作为思想家、战略家的毛泽东，考虑问题侧重于从大处着眼，善于在纵横捭阖中洞察精微，进而借用富有启发性的故事阐述观点主张。正是为了解答这个问题，毛泽东才指导编辑了《不怕鬼的故事》一书，讲明自己的态度。

1959年5月6日会见外宾的时候，毛泽东首次提出了编辑《不怕鬼的故事》的想法。他说：

"世界上有人怕鬼，也有人不怕鬼。鬼是怕它好呢，还是不怕它好？中国的小说里有一些不怕鬼的故事。我想你们的小说里也会有的。我想把不怕鬼的故事、小说编成一本小册子。经验证明鬼是怕不得的。越怕鬼就越有鬼，不怕鬼就没有鬼了。"

为了形象地说明这个问题，他还举了《聊斋志异·青凤》中"狂生夜坐"的故事："有一天晚上，狂生坐在屋子里。有一个鬼站在窗外，把头伸进窗内来，很难看，把舌头伸出来，头这么大,舌伸得这么长。狂生怎么办呢?他把墨涂在脸上,涂得像鬼一样,也伸出舌头,面向鬼望着,一小时,两小时,三小时,望着鬼,后来鬼就跑了。"

这次谈话后没过几天,5月10日,毛泽东在会见民主德国人民议院访华代表团时又讲:"马列主义教我们别怕鬼。资本主义这个鬼确有其事,不过不要怕。希特勒是大鬼,蒋介石这个鬼也不小,在他以前还有袁世凯、清朝皇帝等鬼。"言下之意是,世界和中国的历史都表明,任何鬼都不可怕,都是可以战胜的。

编辑《不怕鬼的故事》这项任务,是由当时中国科学院文学研究所所长何其芳具体负责的。1959年夏天,书基本编成。这部书稿从古代笔记小说里选了几十篇和鬼魅斗智斗勇的故事,短则几十字,多也不过千字。毛泽东读了书稿,选择部分故事在一个会议上印发。后来根据毛泽东的指示,又加以精选、充实,最终定稿70篇,共6万多字。因是文言,每篇又相应做了注解,还写了一个序言,说明为什么编选这样一本书。

"社会主义伟大建设的道路上还有许多障碍需要克服"

《不怕鬼的故事》于1961年2月由人民文学出版社出版。付印前,毛泽东批示把清样送给刘少奇、周恩来、邓小平、周扬、郭沫若看,询问意见。出版时,他指示将序言在《红旗》和《人民日报》上登载,把全书译成几种外文。出版后,又推荐给参加整风的干部们阅读。如此大张旗鼓地推荐,正如毛泽东所说,是想"把不怕鬼的故事作为政治斗争和思想斗争的工具"。

毛泽东编书的用意,主要体现在他对该书序言的修改上。全

《人民日报》1961年2月5日第5版

书定稿后,何其芳起草了一个序言以说明编辑此书的目的。序言几经修改,特别是增加了毛泽东提出的"除了战略上藐视,还要讲战术上重视"的内容后,1961年1月23日、24日,毛泽东对序言又做了多处加写。其中有一句是:

"难道我们越怕'鬼','鬼'就越喜爱我们,发出慈悲心,不害我们,而我们的事业就会忽然变得顺利起来,一切光昌流丽,春暖花开了吗?"

在序言末尾加写了一大段话,其中讲道:"读者应当明白,世界上妖魔鬼怪还多得很,要消灭它们还需要一定时间,国内的困难也还很大,中国型的魔鬼残余还在作怪,社会主义伟大建设的道路上还有许多障碍需要克服,本书出世就显得很有必要。"

在修改《不怕鬼的故事》的序言时，毛泽东曾对何其芳讲过这样的话："你这篇文章原来政治性就很强，我给你再加强一些。我是把不怕鬼的故事作为政治斗争和思想斗争的工具。"可见，针对国际上的各种压力，以"不怕鬼"的精神，敢于斗争、敢于胜利，正是毛泽东指导编辑《不怕鬼的故事》用意所在。

"不畏浮云遮望眼"

毛泽东当时说的"鬼"，有两层含义：一是国际上的反华大合唱，一是国内的困难和障碍。《不怕鬼的故事》所倡导的，就是坚定意志、敢于斗争、敢于胜利的精神。回顾毛泽东指导编辑《不怕鬼的故事》，以及他处理国际问题的经验和做法，带给我们如下启示。

要看清国际上各种"鬼"的本质。对于国际上的敌对势力特别是帝国主义，毛泽东有着清醒认识。他指出："帝国主义者的逻辑和人民的逻辑是这样的不同。捣乱，失败，再捣乱，再失败，直至灭亡——这就是帝国主义和世界上一切反动派对待人民事业的逻辑，他们决不会违背这个逻辑的。这是一条马克思主义的定律。"对于帝国主义颠覆破坏中国共产党领导的社会主义建设事业的手段和图谋，毛泽东指出："敌人的策略是什么？（1）和平旗子，大造导弹，大搞基地，准备用战争方法消灭社会主义。这是第一手。（2）和平旗子，文化往来，人员往来，准备用腐蚀、演变方法消灭社会主义。这是第二手。"当前，面对具有许多新的历史特点的伟大斗争，我们依然要透过现象看清本质，不畏浮云遮望眼，丢掉不切实际的幻想。

要以"不怕鬼"的精神勇于"打鬼"。鬼是要害人的。看清楚我们前进道路上各种"鬼"的本质之后,就要不怕鬼,敢于"打鬼"。正如《不怕鬼的故事》序言中所说:"人只要不怕鬼,敢于藐视它,敢于打击它,鬼就怕人了。"新中国成立前夕,正是基于对帝国主义本质的深刻认识,毛泽东在《丢掉幻想,准备战斗》中明确提出:"希望劝说帝国主义者和中国反动派发出善心,回头是岸,是不可能的。唯一的办法是组织力量和他们斗争","然后,才有希望在平等和互利的条件下和外国帝国主义国家打交道"。对于帝国主义和反动派,毛泽东有一个著名论断——"一切反动派都是纸老虎"。他说:"看起来,反动派的样子是可怕的,但是实际上并没有什么了不起的力量。从长远的观点看问题,真正强大的力量不是属于反动派,而是属于人民。"毛泽东以中国革命为例说明,有人民的支持,一切"活老虎,铁老虎,真老虎","终究转化成了纸老虎,死老虎,豆腐老虎"。转化的过程,靠的是敢于斗争。《聊斋志异》中的狂生不怕鬼,鬼也只能溜走了;《宋定伯捉鬼》中,宋定伯不仅不怕鬼,还从与鬼的交谈中了解到治鬼的办法,最终把鬼捉住卖掉了。

要讲究斗争艺术,善于"捉鬼"。在与何其芳谈话中,毛泽东指出:除了战略上藐视,还要讲战术上重视。对具体的鬼,对一个一个的鬼,要具体分析,要讲究战术,要重视;不然,就打不败它。他以《不怕鬼的故事》中收录的《宋定伯捉鬼》为例说:《宋定伯捉鬼》,鬼背他过河,发现他身体重。他就欺骗它,说他是新鬼。"新鬼大,旧鬼小",所以他重嘛。后来他从鬼那里知道鬼最怕人的唾液,就用这个办法治住了鬼。这说明,要战胜对手,克服困难,必须知己知彼,具体问题具体分析,有针对性

《人民日报》1961年2月5日第5版

地采取措施,才能取得实效。所以,打鬼、捉鬼,还要讲究方式方法,不能胡干蛮干。正如序言中引述的毛泽东的话:"如果我们在每一个局部上,在每一个具体问题上,不采取谨慎态度,不讲究斗争艺术,不集中全力作战,不注意争取一切应当争取的同盟者(中农,独立工商业者,中产阶级,学生、教员、教授和一般知识分子,一般公务人员,自由职业者和开明绅士),我们就要犯'左'倾机会主义错误。"

(樊宪雷撰写)

第五编　传播技巧

卷十三

毛泽东著作中为什么会存在"伪装本"

在中国共产党领导人民取得全国胜利之前，无论是国民党反动势力还是日本侵略者，都在所控制区域采取高压政策，对革命书籍、报刊实行封锁、扣压甚至禁毁，限制中国共产党传播新思想、新文化，包括宣传马克思主义在内的进步书籍屡遭查禁。为了防止反动当局的查禁，当年的共产党人和进步文化界人士在国统区（中国国民党统治区）和沦陷区（侵华日军占领区）组织出版革命和进步书籍时，常常将这些书刊伪装后出版。

伪装的目的，是便于思想内容的有效传播；伪装的手段，一般为改换封面，换上与内容毫不相干，甚至看似庸俗的书名，或者伪托出版者、出版地，改换译著者或不署译著者姓名等，用以掩盖书中的内容。

这些"伪装本"，有时也称"托名本"。

"伪装本"是中国共产党思想传播史、中国出版发行史上一个非常独特的现象，它是在白色恐怖下我们党在敌人统治区域进行宣传的一种迫不得已的方式，特别是在抗日战争时期，更是中国共产党领导的新闻出版大军与敌斗争的一种巧妙方式。

毛泽东著作的伪装本书刊，就是这些"伪装本"中最多的一类。在那些特殊的岁月里，为了使毛泽东著作能够在国统区和沦陷区流通，编辑出版者们假借别的书刊名或作者名或出版人名等出版发行。这类"伪装本"，是中国共产党宣传自己的主张、开展对敌斗争的重要手段，也是毛泽东思想、党的方针政策在国统区、沦陷区得以传播的历史见证。这些"伪装本"在中国共产党领导人民进行艰苦卓绝斗争的那段历史进程中，在传播马列主义、宣传中国共产党的方针政策和加深广大人民群众对中共政策的理解，特别是扩大毛泽东思想的影响力等方面，都曾发挥过不可估量的重要作用。

被"伪装"得最多的毛泽东著作

就目前的研究结果，至少发现了毛泽东著作有30余种"伪装本"。有几例比较有特殊性。

被誉为毛泽东"三大天书"之一的《新民主主义论》，迄今共发现有"伪装本"9种，被认为是目前发现"伪装本"最多的著作。

这部著作的"伪装本"，有两个现象比较有特点：

一是在署名上做文章。封面书名仍为《新民主主义论》，但署名却把毛泽东改成"叶平"，正文内容也是毛泽东的《新民主主义论》，封面也仍为毛泽东的照片，此种伪装，比较容易识别。笔者推断，这种简单伪装，是为了应对不熟悉毛泽东的人群，应该不会在城市里面发行。

二是在封面上做文章。封面书名伪装为《救国言论集》，且封面图片与正文内容无任何关联，用的是国民党的旗帜，出版社为北京东亚书店。这种伪装有一定的隐蔽性。只有翻开内文，才知道是毛泽东的著作《新民主主义论》。

毛泽东的《新民主主义论》及其"伪装本",一本是作者伪装成"署名叶平";一本是封面书名伪装为《救国言论集》

最有意思的"伪装本"

毛泽东在中共七大上所作的政治报告——《论联合政府》,其"伪装本"颇有意思,它是以《美军登陆与中国前途》为名作"伪装本"流通的。其背后的故事,引人深思。

中共七大召开时,中国人民面临着两种不同命运,一种是国民党蒋介石的"中国之命运",即半殖民地半封建的黑暗的旧中国的命运;另一种是中国共产党所主张的人民民主的光明的新中国的命运。

抗战时期,国民党统治集团坚持独裁统治,积极反共反人民。1943年3月,蒋介石出版了一本以他个人名义写的书——《中国之命运》,公开贩卖封建法西斯主义,扬言要在两年内解决所谓的"内政"问题,即在两年内消灭中国共产党和一切抗日民主力量,并随即发动了第三次反共高潮。这次反共高潮虽然没有得

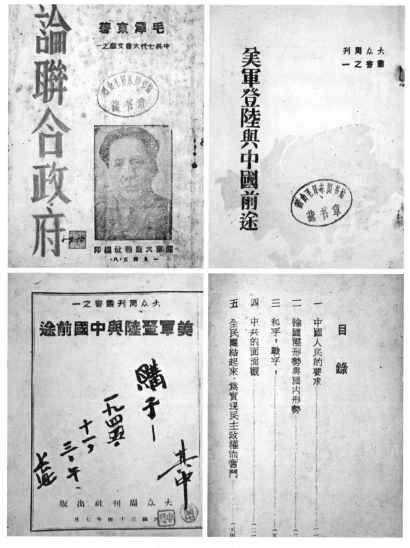

毛泽东的《论联合政府》及其"伪装本",封面伪装成《美军登陆与中国前途》

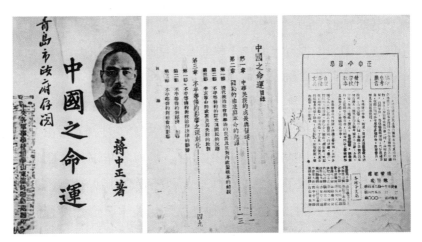

正中书局1943年版的蒋介石《中国之命运》

逞,但蒋介石统治集团仍然坚持其反共反人民的政策,企图在抗战胜利后建立一个代表大地主大资产阶级利益的、由国民党一党专政的独裁政府。

中国共产党在积极抗日、与蒋介石集团斗争的同时,也不断壮大自己。到1945年春,我们党已经拥有了121万党员;我党领导的军队已经发展到近一百万人;我们党领导的解放区已经遍布华北、东北、华中、华南各地,拥有近一亿人口,解放区政治、经济和文化等各方面的建设都有了很大的发展。1944年9月,中共中央提出了废止国民党一党专政、成立民主联合政府的主张,得到了全国人民的积极响应。广大人民群众迫切希望在抗战胜利后,以解放区为榜样,建立一个独立自由民主统一和富强的新中国。

中共七大就是在这样的历史条件下召开的。《论联合政府》这个政治报告,就是为了粉碎蒋介石、国民党集团的阴谋,保卫人民抗战胜利的果实,把中国建设成为一个独立、自由、民主、统一和富强的新国家而作的。在这个政治报告中，毛泽东分析了当时国际国内的形势，驳斥了蒋介石反动集团的谬论，论述了党在新民主主义革命阶段的纲领、路线、方针和政策，为中国人民指明了光明的中国之命运的道路。

毛泽东这篇《论联合政府》的报告，当年5月就先后由太岳新华书店、涉县新华书店、救国报社、渤海新华书店、联政和解放社等相继出版了9种单行本。此后又陆续出版的单行本多达260多种。这些单行本中，有7种是以"伪装本"形式发行流通的。《美军登陆与中国前途》便是其中之一。

《论联合政府》"伪装本"的三大特色

伪装成《美军登陆与中国前途》的《论联合政府》，其"伪装"特色主要体现在三处。

特色之一：首先体现在书名上。正文内容是毛泽东在七大的报告《论联合政府》，书名则是《美军登陆与中国前途》。有意思的是，至目前为止，尚无任何资料显示当时有一本图书或刊物叫《美军登陆与中国前途》。那么，这本书的伪装为什么要与"美军登陆"联系起来呢？七大闭幕两个月后，日本宣告无条件投降。为了实现和平与民主，毛泽东毅然赴重庆与国民党谈判，最终国共双方签订《双十协定》。但蒋介石并非真心想要和平，谈判只是其缓兵之计，借助美国力量为其运送军队和武器，蓄意发动内战才是真正目的。美军欲在烟台港登陆，遭到中共军队的拒绝，这就有了"美军登陆与中国前途"一说，单从题目上看是颇具时政特色的。这本"伪装本"出现在山东，山东解放区又有大众报社，它以大众周刊名义出版发行也顺理成章。

特色之二：体现在出版者上。伪装者是以"大众周刊"名义刊行的。关于"大众周刊"，我们查找相关资料，并没有找到其确切信息，目前只能查到1942年在南京创刊的《大众生活》半月刊，是由汪伪政权的御用文人主办的汉奸杂志。这样的杂志自然不会有什么生命力，1943年即宣告停刊，仅出了10期，只存在5个月。可以这样推断，为了对付国民党查禁革命、进步书刊，出版者就冒用或者是无中生有地编出了"南京大众周刊"这一名称。如果以上推断成立，则这本书应该是山东解放区的出版机构向尚未解放的济南、胶济线以南的广大百姓宣传党的七大精神尤其是毛泽东报告精神而出版的"伪装本"。

特色之三：体现在伪装封面与正文无关上。这本"伪装本"的封面书名及扉页书名，与正文完全不符。看书名，读者绝对不会想到这本书的内容是中国共产党主要领导人的一个政治报告。

其他形形色色的"伪装本"

上面几例及其后面的故事，只是"冰山一角"。今天，当读者走进韶山毛泽东图书馆，会发现这里珍藏着许多这样的"伪装本"，其中有几册重要的伪装本：《孙中山先生论地方自治》《春江秋月》《论思想》《灯塔小丛书（2）》《灯塔小丛书（5）》。这些都是毛泽东重要著作的"伪装本"。

（一）《孙中山先生论地方自治》：收录了毛泽东的《对日寇的最后一战》。

这本书共收录文章24篇，第一篇《苏联对日宣战后毛主席发表声明》即毛泽东的《对日寇的最后一战（1945年8月9日）》。最后一篇才是《孙中山先生论地方自治》，其余篇目有《中国共产党中央委员会对于目前时局的宣言》《新时期的路标》《对日战争结束后的远东大局》《严惩战争罪犯》《向东北同胞致敬纪念"九一八"十四周年》《聂荣臻同志报告目前时局与任务》《用国法制裁汉奸特务和战犯》《没有民主就不可能有和平建设》《革命要有韧性》《要在全国人民前面做出更好的榜样》《苏共中央委员会颁布纪念十月革命节口号》《延安各界纪念十月革命筹备委员会发布纪念十月革命节口号》《延安各界纪念十月革命节致全国各界电》《远东持久的和平基础》《纪念十月革命庆祝中苏同盟》《建设和平民主团结的察哈尔》《中国人民公意的表现》《秋收与减租》等。

（二）《春江秋月》：收录了毛泽东的两篇著作《目前形势和我们的任务》（1947年12月）的第六节，《毛主席在晋绥干部会议上的讲话》（1948年4月）的第五节。

这本以《春江秋月》为名的"伪装本"，乍一看颇有文学意境。署名为张啸云，而实际内容却与文学无关，收入文章为：《土地改革中的几个问题》（任弼时），《知识分子的决定》、《目前形势和我们的任务（第六节）》（毛泽东著），《毛主席在晋绥干部会议上的讲话（第五节）》。

（三）《灯塔小丛书（2）》：中国灯塔出版社出版，共37页，收录了毛泽东的《整顿"学风""党风""文风"》等文。

（四）《灯塔小丛书（5）》：1946年3月由中国灯塔出版社出版，共26页，其中收录了《中央关于调查研究的决定》《农村调查（序言二）》《在边区二届参议会的演说》等文。

（五）《论思想》：1949年6月群众书店发行，收录了毛泽东的《改造我们的学习（代序）》《反对自由主义》《反对脱离群众》等文。

这些奇特的"伪装本"，是中共党史上的一个特殊现象。从这些"伪装本"中可以感受到，在险恶的斗争环境下，共产党人依靠坚定的理想信念和坚强的革命意志，坚持学习和创造性发展，敢于斗争并善于斗争。

"伪装本"凝聚了中国共产党人的智慧和心血，也是中国革命历史的见证。这些"伪装本"在革命战争年代不同的历史时期里，在传播马列主义、宣传中国共产党的方针政策和加深广大人民群众对中共政策的理解方面，都曾发挥过不可估量的重要作用，也是中国共产党历尽艰难困苦一步步走向辉煌的印证。

（邹卫韶撰写）

卷十四

在窑洞中如何对外国人"讲故事"

在中国共产党及其领导的队伍成长、壮大的历史上,数度出现被敌人封锁、包围,却数度逆境崛起的奇迹。抗日战争,是艰难岁月的一段,也是冲破封锁,向世界展示中国共产党力量成长壮大的时期。

延安时期,毛泽东曾说过:"在国民党政府的新闻封锁政策下",对解放区的情况,"很多的中国人外国人都无法知道"。

那时的毛泽东,身处延安窑洞,却成功地把中国共产党的政策主张以及中国的道路方向展示在世界面前,赢得了国际社会的理解、同情和支持,为中华民族必胜的事业获得了强大的推动力。

为什么要对外国人"讲故事"

由于敌对势力的全面封锁,中共直接对外"发声"非常困难。再加上以国民党反动派为代表的一些人刻意抹黑共产党及其领导下的区域"人民如何苦惨,生活如何穷困,稍有资产者则剥榨净尽,活埋生命极无人道,男女混杂人伦不讲"。中国共产党及延安在外界的形象是模糊的、歪曲的,正如斯诺在《西行漫记》一书开篇所说:"在世界各国中,恐怕没有比红色中国的情况是更大的谜,更混乱的传说了。"

在当时,面对日益严峻的抗战形势,关心抗战大局的各界人士对"中国前途在哪里"的担忧越来越重,纷纷把目光转向了中共和延安,愿意听听来自延安的声音。共产党坚持抗战的实际表现,以及通过种种渠道传播出去的《论持久战》《新民主主义论》等理论著作,则使外界对中共有了更多的积极猜测和期待。他们迫切地想知道,中共这支越来越强大的力量,以及领导下的边区究竟是什么样的。

对外"发声",传递准确信息、掌握话语主动权,是中国共产党的迫切需要;同时,也是为了更大范围地争取中间势力、争取国际援助。

处在延安窑洞中的毛泽东,广邀国际友人来访,在与他们的交往中以各种方式,讲好中国共产党的故事,讲好共产党领导下的千千万万边区人民的故事。

面对面讲:在交谈中讲述

在延安,与毛泽东面谈过的,有国外的记者、政要、团体等。他特别重视与外国新闻记者的交流。

见过毛泽东的美国记者斯诺曾说:"毕竟我是一种媒介,他通过我,第一次得到了向世界发表谈话,更重要的是,向全中国发表谈话的机会。……他的看法一旦用英语发表出去,尽管国民党实行新闻检查,也会传回到大多数中国知识分子的耳朵里。"

斯诺启程打开"红色中国"的大门之前，就准备了78个美国民众关心的问题，想要寻找答案。毛泽东接连几十天与斯诺谈话，自1936年底至1937年初，斯诺先后发表了30余篇报道，《红星照耀中国》一书先后被译为20多种文字。斯诺的成功吸引了更多西方记者到来。

另一位美国记者、作家白修德，1944年以美国《时代》杂志记者身份访问过延安。他这样描述与毛泽东谈过话后的效果："驻外记者一回到华盛顿便会惊讶地发现，他们每天发回的即使是漫不经心的报道也会对国会议员和决策者产生巨大的影响。"

1944年中外记者西北参观团访问延安时，"毛主席很兴奋，与记者畅所欲言，因为总算是打开了局面。外国记者的情绪也很高，像发现了新大陆"。毛泽东回答了记者们关于抗战政策、抗战前途、国共合作、战略战术、国际形势等方面的问题，介绍了中共和边区的情况，同时也从他们那里了解到国际上的许多信息。

还有一位美国记者斯特朗，1946年8月，毛泽东在与她谈话时提出了"一切反动派都是纸老虎"的著名论断，并且自己用英语敲定表达为"Paper-tiger"。"纸老虎"这个生动有力的表述被报道后引起巨大反响，极大地增强了人民的必胜信心。

"红色中国"的故事，跟随着埃德加·斯诺、史沫特莱、海伦·福斯特·斯诺、贝特兰、斯坦因、福尔曼、爱泼斯坦、白修德、斯特朗等外国记者的著述，传遍了世界，让国际社会认识了一个真实的中共、一个立体的中国。

延安时期，与毛泽东面谈过的外国人，不止上述这些人们熟悉的名字，还有许许多多人们不熟悉的外国人。他们或受邀到

卷十四 在窑洞中如何对外国人"讲故事" 147

1946年8月,毛泽东面对美国女作家安娜·路易斯·斯特朗女士,提出"一切反动派都是纸老虎"的论断。1965年11月24日,毛泽东为这位老朋友设午宴,祝贺她八十寿辰

来,或悄悄赴延安,自与毛泽东和中共各级领导人面谈后,大多改变了以往对中共的认识。

用"笔杆子"讲:在文字中陈述

毛泽东形象地称知识分子的"笔杆子"堪比"三千毛瑟精兵"。在对外介绍中共时,毛泽东适时地运用纸媒的力量,把中共的政策主张及时宣传出去。

以美军观察组来访为例。毛泽东在1944年6月28日确切得知美军观察组可来延安后,当即表示欢迎。在7月22日观察组第一批人员飞抵延安之前,《解放日报》《新华日报》等集中刊登了相关文章。

1944年8月15日,《解放日报》刊登了毛泽东亲自改定的社论《欢迎美军观察组的战友们》,其中"战友们"三个字是毛泽东加上的。在这篇社论里,除了对美军观察组的到来表示欢迎,认为这"对于争取抗日战争的胜利,实有重大的意义"之外,还对八路军和新四军的战果做了介绍,以澄清"国民党统治人士的欺骗政策与封锁政策"。

观察组成员谢伟思在发回美国国务院的报告中,详细记录了毛泽东传递的一些重要信息,比如:中共"比国民党更易于合作","美国无须害怕中共"。

1945年2月8日,由美国驻重庆大使馆全体政务官员联名发出的《中国的局势》报告中说:如果美国继续坚持片面支持援助蒋介石的政策,"在中国发生混乱就是不可避免的",而且灾难性的内部冲突可能加速爆发。

据知情学者透露,毛泽东当时用"笔杆子"亲自撰写的文章、亲笔书写的书信,现在还保存在俄罗斯、美国、加拿大以及欧洲有关国家的档案部门或个人手中。

"请看事实":用开放和真实的事实展现

毛泽东曾这样说:"我们反攻敌人的方法,并不多用辩论,只是忠实地报告我们革命工作的事实",面对敌人的抹黑,我们说"请看事实"。

中共及其领导下的边区新闻自由,给到访者们留下了深刻印象。

卷十四 在窑洞中如何对外国人"讲故事" 149

1944年6月,毛泽东在延安和外国记者合影。前排左起武道(美)、普金科(美)、爱泼斯坦(美)、福尔曼(美);后排左起夏南汉(美)、斯坦因(英)、毛泽东

比如,爱泼斯坦把"开放"和"真实"的延安与被称为"反共壁垒"的西安做对比说:在西安,"每个人仿佛都是棋盘上的棋子,行动都要严格遵守规则,一般不能按本人意志行事"。

比如,海伦·斯诺在延安的4个多月里,接触了苏区的战士、工人、农民、文艺工作者、妇女、儿童,采访人数起码达到65位,她称自己提出的数以千计的问题绝大部分都得到了圆满答案。

比如,中外记者西北参观团来访时,毛泽东等人制定的接待原则就是敞开大门,他们可以自由考察参观,不受任何拘束。冈瑟·斯坦曾说:"看来对于我们的到来,他们是很高兴的,而且愿意协助我们工作。……他们对我们的态度似乎是:用你们自己的眼睛去了解我们。"

"请看事实"的接待态度,产生了非常好的效果。在华北某抗日根据地被营救,并在那里生活了两个月的美军飞机轰炸手布希回国后,向纽约《下午报》(1945年4月8日)说:"中国共产党人在他们领导的区域有效地组织起中国人民从事全面抗日战争,我能证明他们是打日军的。"

国际友人们纷纷向外界介绍他们的所见所闻、亲身感受,针对之前听说的种种不实信息,为中共和边区进行了强有力的辟谣。

比如,英国记者斯坦因写道,共产党的军队,是和人民紧密联系着的,对于这种联合力量,使得日本人产生恐惧。

毛泽东虽偏居延安窑洞,却放眼全中国和全世界,在他的亲自谋划和直接参与下,向国际社会呈现了一个真实的延安、真实的中国共产党,赢得广泛的理解和支持。

(李雨檬撰写)

卷十五

亲自作序：对外传播史上的一件大事

新中国成立之初，捷克斯洛伐克共产党以捷克文编译出版了一本中国人民政协文献汇集，毛泽东在极度繁忙中抽出时间为此书撰写序文，一时传为美谈。这是一本什么样的书，包括哪些文献？毛泽东为什么会亲自为它作序，这件事在中国对外传播史上又有什么意义？

这是一本什么书

1949年10月24日，新中国成立当月，《人民日报》在头版醒目位置刊发了一条重要消息，即新华社布拉格10月23日电，称"有毛主席序文的捷克文《新民主主义在中国的胜利》一书，将于本月二十五日在捷京出版"。《人民日报》刊发这一重要消息时，特意用大号字标出题目《捷共编译中国人民政协文献　毛泽东主席特撰序文》。毛泽东在序言中首先指出："捷克共产党的同志们将中国人民政治协商会〔议〕的文献和我所写的关于中国人民民主专政的论文以捷克文出版，这是中国共产党所引以为荣的。"

1949年10月24日《人民日报》头版刊发的消息

毛泽东一生很少为他人作序,特别是为外文版图书作序更少。这是一本什么书,值得毛泽东在百忙之中为其作序?

这本书大32开本,虽然只有薄薄的几十页,但装帧大气亮丽,封面底色为红色,印有毛泽东充满笑容的半身像,毛主席像下用捷克文标注"毛泽东 中华人民共和国中央人民政府主席",并用中文、捷克文分别排印了书名《新民主主义在中国的胜利》。这本小册子是捷共中央书记处书记之一季明德尔主编的《国际政治》月刊编辑部所辑译的。

翻阅此书,内容重要而丰富。书中收录了毛泽东、周恩来、朱德等人的文稿和中国人民政治协商会议第一届全体会议文件,

捷克文版《新民主主义在中国的胜利》

以及中国与苏联、捷克斯洛伐克建立外交关系的文电,共计15篇。具体包括:

1. 序言:毛泽东的序文。

2. 论文:毛泽东的《论人民民主专政》、朱德的《中国人民的解放斗争》。

3. 中国人民政协文献:毛泽东在中国人民政治协商会议第一届全体会议上的开幕词、周恩来在中国人民政治协商会议第一届全体会议上关于《人民政协共同纲领草案的特点》报告摘要、中国人民政治协商会议共同纲领、中华人民共和国中央人民政府组织法、中华人民共和国中央人民政府公告。

4. 外交文稿:苏联政府断绝与国民党政府外交关系的声明、苏联外交部副部长葛罗米柯关于苏联政府承认中华人民共和国致周恩来的电报、中华人民共和国外交部长周恩来对苏联政府电报的回复、捷克斯洛伐克副总理兼代理外长维廉·西罗基关于捷克斯洛伐克政府决定与中华人民共和国建交致周恩来的电报、中华人民共和国外交部长周恩来对捷克斯洛伐克政府电报的复电、捷克斯洛伐克共产党中央委员会给中国共产党中央委员会的电报、毛泽东对捷共中央电报的回复。

另外，在毛泽东的序文之前，还印有中华人民共和国中央领导结构图。图中标示的元素有：中国人民政治协商会议主席毛泽东、中央人民政府委员会主席毛泽东、政务院总理周恩来、中央军事委员会主席毛泽东、中国人民解放军总司令朱德、最高人民法院院长沈钧儒、最高人民检察署检察长罗荣桓等领导机构负责人和其他国家机关部门名称等。

拥有独特的文献价值

毫无疑问，这本集子有其独特的文献价值，就笔者目前所发现的资料看，可以判定它至少有以下几个"唯一"：

这是毛泽东唯一为在海外出版的外文版文集作的一篇序文；

这是唯一用文集形式披露的中共、捷共两党中央有关两国建交的往来电文；

这是海外唯一用公开出版的文集形式刊载的中国人民政治协商会议的几份重要文件；

收入此集的朱德的《中国人民的解放斗争》，原为应邀而作，于1949年9月1日首发在罗马尼亚布加勒斯特出版的共产党与工人党情报局机关刊《争取持久和平　争取人民民主》上，但未收入《朱德选集》，从而《新民主主义在中国的胜利》一书成为收入朱德这篇文章唯一的图书版。

另外，书中收入毛泽东5篇文稿，其中毛泽东的序言与对捷共中央贺电的回复为首发。这本文献集中，有5份文稿是毛泽东签署的，其中有序言、《论人民民主专政》、在全国政协会议的开幕词、中华人民共和国中央人民政府公告、对捷共中央电文的回复等。相关信息可作为修订、补充《毛泽东年谱》时新的佐证和参考。

毛泽东的这篇序言，标有具体的签署时间，用此可以修正《毛泽东年谱》中有关条目；利用毛泽东给捷共的电报，也可以增加《毛泽东年谱》的相关条目与内容。同时，这一重要电报，其内容未见公开发表的述录，无疑为研究中共与捷共两党交往史提供了一条重要线索，为丰富毛泽东著作版本提供了一条重要信息。1949年9月23日，捷克斯洛伐克共产党中央委员会给中国共产党中央委员会的电报，也应是在这本书中首次公开披露。

这本集子编译出版的一个鲜明特色是快捷。从新中国成立到中捷建交，至这本文集翻译出版，只有短短三周多的时间。更重要的是，在这短暂的时间里，毛泽东在新中国成立之初日理万机中，在新中国成立一周多、中捷建交一周内就拨冗为此书欣然作序，确实运作积极，操作迅速。依此推测，在中捷建交前后，或者说在捷共给中共中央发贺电时，捷克斯洛伐克共产党就酝酿筹措出版这本书了。

毛泽东为什么要特撰序文

毛泽东应邀为《新民主主义在中国的胜利》一书撰写了200

多字的序文。在序文中，毛泽东对捷共编译出版中国共产党和中国人民政治协商会议的文献给予赞赏，充分肯定欧亚两大洲的革命斗争"是一个共同事业的不可分离和互相援助的"密切关系，热情评价编入文集的这些文献将帮助欧洲人民认识新中国。

毛泽东所作的序言全文如下：

> 捷克共产党的同志们将中国人民政治协商会〔议〕的文献和我所写的关于中国人民民主专政的论文以捷克文出版，这是中国共产党所引以为荣的。中国人民的斗争与欧洲人民的斗争，是一个共同事业的不可分离和互相援助的两个部分，虽然由于社会发展程度的不同，它们的革命发展阶段也不同，欧洲的关心亚洲命运的一切读者们，由于阅读这些短篇的文件，特别是由于阅读中国人民政治协商会议所通过的六十条《共同纲领》，将获得关于新中国的基本常识。我相信，捷克的同志们为帮助欧洲读者认识新中国所作的努力，对于国际革命运动乃是一个可感谢的贡献。
>
> 毛泽东

中捷文对照的毛泽东序言。中文版序言"〔议〕"在《人民日报》稿中没有，《建国以来毛泽东文稿》编者补上了"议"字。

要了解毛泽东为什么作序，首先应清楚捷共为什么要编这本书？

当中国人民解放军以摧枯拉朽的破竹之势解放全中国之际，海内外许多人士很清楚，在中国共产党领导下建立新中国势不可挡。中国人民政治协商会议的召开，更使人们看到新中国成立在即。

1949年10月1日，中华人民共和国诞生了，中央人民政府成立了。在新中国向世界发布的重要文件中，《中华人民共和国中央人民政府公告》和《周恩来致各国政府公函》这两个文件，宣布了中华人民共和国中央人民政府的组成和愿与外国政府建立外交关系的准则。

这两个文件发布后，在全世界引起强烈反响，一些国家纷纷按照文件的准则研究是否与新中国建交。苏联于10月2日、保加利亚于10月4日分别与新中国建立了外交关系。10月4日，朝鲜、匈牙利分别致电新中国，表示决定同新中国建立外交关系。10月5日，罗马尼亚与新中国建立了正式外交关系，波兰致电新中国表示同意与新中国建立外交关系。同日，捷克斯洛伐克共和国致电周恩来，表示"兴奋地欢迎中国中央人民政府公告的内容"，同时"决定于捷克斯洛伐克共和国与中华人民共和国之间建立外交关系"。翌日，周恩来复电表示：对捷政府的决定"极为欣幸"，"热忱欢迎立即建立"两国之间外交关系，并决定互派大使。1949年10月6日，两国外交关系即告正式建立。

在中捷建交之前，中共和捷共已有密切交往。1949年9月21日，中国人民政治协商会议第一届全体会议在北京举行，毛泽东致开幕词。这次全国政治协商会议，代行全国人民代表大会的职权，决定有关新中国的国家大事，为新中国正式建立进行必要的准备。9月23日，捷共中央就给中共中央发来贺电，祝贺中华人民共和国即将宣告成立，并代表捷克斯洛伐克劳动人民向中国人民政治协商会议致以热烈的问候，称其良好的工作，为建立新的

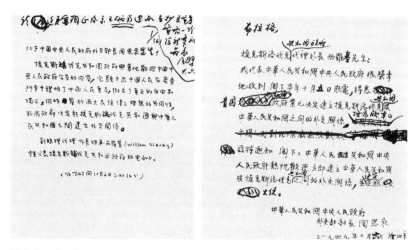

捷克代理外交部长给周恩来的电报译文（左）；周恩来给捷克代理外长的电文（右）

人民民主国家和选举人民政府奠定了基础。10月6日，毛泽东给捷共中央复电，感谢捷共对中华人民共和国成立的祝贺。显然，作为执政党的捷共，高度重视中捷建交与兄弟党及两国友谊的继续发展，为捷共中央书记处迅速高规格地组织编译这本书奠定了良好的基础。

毛泽东为什么要作序呢？中国作为世界上人口最多的国家，在中国共产党的领导下，推翻了帝国主义、封建主义和官僚资本主义的长期剥削和压迫，创建了新中国。这个新中国是什么样子？走什么道路？实行什么样的外交路线？这些都是世界各国关注的重大问题。在当时的情势下，确实绝大多数海外人士对新中国还不了解，加之国民党和帝国主义敌对分子的长期反动宣传，世界上有许多国家对新中国缺乏全面了解。

新中国在成立之初，也迫切需要世界各国重新认识中国，积极承认新中国，与新中国建立外交关系。在这种形势下，出版一本关于新中国的文献集，扩大传播中国共产党的政策、中华人民共和国的新政,不仅适应了中国和捷克斯洛伐克国内外形势的需要,也在一定程度上适应了关心新中国的全世界友好人士了解新中国国策新政的需要。

出版这本文献集,反映了中共、捷共两党的积极行为,体现了两个执政党的友好意志,其意义重大。正如毛泽东所指出的,出版这本书,是"捷克的同志们为帮助欧洲读者认识新中国所作的努力,对于国际革命运动乃是一个可感谢的贡献",具有重要的积极意义。毛泽东为此书作序,无形中加重了书的分量,更有利于扩大发行与读者认知新中国。

这是对外传播史上的一件大事

这件事的重要性,毛泽东在序言中说得很清楚:"欧洲的关心亚洲命运的一切读者们,由于阅读这些短篇的文件,特别是由于阅读中国人民政治协商会议所通过的六十条《共同纲领》,将获得关于新中国的基本常识。"

这件事的影响力,新华社布拉格消息稿中也有所透露:这本书作为捷克斯洛伐克共产党党校的教材和全党干部的读物,也是一切机关、党校、团体、工厂、图书馆与学习组所必备的一本书。

特别值得一提的是,在新中国成立之初,一些欧洲国家迅速承认了新中国,建立了外交关系。新中国成立的1949年,就有十个国家与中国建立外交关系,其中多数是欧洲国家。由于选派大使、选定驻外使馆地址、配备办公条件等需要一定时间,与新中国建交的国家对新中国真正开展全方位的外交工作还多在1950年

毛主席电贺捷克斯洛伐克独立31周年

之后。如中国、捷克斯洛伐克两国政府互派大使就在1950年，捷克斯洛伐克派出驻新中国大使递交国书时间在1950年1月14日，而新中国首任驻捷克斯洛伐克大使谭希林及使馆全体人员到1950年9月5日才过境苏联抵达捷克斯洛伐克首都布拉格，9月14日才递交国书，正式全面开展外交工作。再以新中国成立后最早互派大使的中苏两国为例，新中国首任驻苏大使及大使馆外交人员，在1949年10月31日抵达苏联首都莫斯科，到1949年11月3日下午1点整，王稼祥大使才在克里姆林宫正式向苏联方面递交了新中国发出的第一份国书。在这种历史背景下，超前出版介绍新中国的出版物就有了特别重要的意义与作用。

这本书的编译与出版，在一定程度上进一步密切了中共与捷共两党、中国与捷克斯洛伐克两国之间的良好关系。与此同时，1949年10月30日，《人民日报》发表10月29日的毛泽东致捷克斯洛伐克领导人电，祝贺捷克斯洛伐克独立31周年，祝贺中捷两国的邦交日益亲密。捷克斯洛伐克总统哥特瓦尔德在接受谭希林大使递交国书时所致的答词中，表示"捷克斯洛伐克人民深深钦佩伟大的中华人民共和国的英勇人民"，热情洋溢地颂扬了

毛泽东与捷克斯洛伐克首任驻新中国大使为中捷友谊碰杯

新民主主义在中国的胜利，他说："中国人民多年以来一直与世界帝国主义支持下的蒋介石反动政权顽强斗争；中国人民在这个斗争中，终于获得了光辉的胜利。现在正在建设自由、独立的中华人民共和国。这个胜利显然摇撼了世界帝国主义的地位，对以苏联为首的世界和平阵营力量的加强，是一个异乎寻常的伟大贡献。""伟大的中国人民的每一项成就，也就是我们的成就。"

由于中、捷建交前后两国交往有了良好的政治氛围、舆论环境与外交基础，因此建交后外交工作既顺利又富有成效。在新中国首任驻捷克斯洛伐克大使谭希林的四年任期内，中捷双方共签订文化、科技、邮政、电讯、广播等方面的6个协定，中国共派出政治、经济、军事、科学、文化代表团20多个，捷方也派出10多个相应代表团访华，两国还互办了多次展览会与电影周等经济文化活动。

毛泽东特撰序言，捷共专门编译出版这一文献集，成为中共、捷共交往史上的一个里程碑。客观上，这也积极推动了中国共产党和新中国的对外传播，为扩展新中国的外交工作奠定了一定的舆论基础。这是中国共产党对外传播史上的一件大事。

（张清华撰写）

第六编 说理论辩

卷十六
"写一篇纪念七一的论文"

毛泽东既是理论大家，也是文章大家。有一篇他自己用几天时间亲自写出来的"论文"，最能说明这一点。

1949年6月24日，在领导人民解放战争和筹建新中国等内政外交极度繁忙中的毛泽东，给秘书胡乔木写了一封信，其中交代："写一篇纪念七一的论文（似不宜用新华社社论形式，而用你的名字为宜）……最近两天拟好，以便于六月二十八日发出，六月二十九日各地见报。"

后来胡乔木回忆了这件事的过程，说道："稿子写出以后，结果没有用。毛主席自己写了纪念七一的文章，这就是著名的《论人民民主专政》。"

这篇文章，在新中国成立前夕总结了中国共产党成立28年的历史经验，得出了关于新中国国体的重要结论。毛泽东为什么要亲自动手写这样一篇永传后世的理论雄文呢？

中国共产党是"一个成熟的大人了"

每到重要的历史节点，为了更好地前进，开创社会历史发展的新局面，中国共产党总要回望已经走过的路，总结党的光辉历程和取得的宝贵经验，提出继续前进的思想主张和政策举措。这是这个党不断取得胜利、不断走向成熟和走向伟大的一个重要法宝。

70多年前的1949年6月30日，新华社播发了毛泽东的长篇文章《论人民民主专政》。这篇文章的立意，一是回看和总结中国共产党走过的28年，二是擘画即将诞生的人民政权。这篇文章问世后，引起国内外各界人士的高度关注，在各个历史时期都会引发政界、学界的深入思考和持续研究。这篇重要文章，也成为世人研究毛泽东人民民主专政理论、研究中国共产党执政理念的重要文献。

1949年6月，中华民族即将迎来天翻地覆的历史性巨变，旧的半殖民地半封建的社会历史即将终结，新的人民民主国家政权即将诞生；1949年6月，中国共产党即将迎来28岁生日，"就像一个人一样"，"已经走过二十八年了"，"已经不是小孩子，也不是十几岁的年青小伙子"，而是一个成熟的大人了。

正是在这个成熟的政党带领人民走向新社会的历史关口，毛泽东沉着冷静地深刻总结党的历史经验，思考我们党走向什么样的政治舞台的一系列重大问题。

"七一"前写一篇结论性"论文"

在新中国即将成立的时候，写这样一篇重头文章，是基于总结经验、继续前进的大思路考虑，目的是要向党内外、国内外讲清楚中国共产党一路走来的一些根本经验和继续前进的一些重大问题。这件事，毛泽东非常看重。

《人民日报》1949年7月1日第一版刊发《论人民民主专政》

1949年6月24日，处在百忙中的毛泽东，给秘书胡乔木交代了几个重要文稿的起草任务："写一篇纪念七一的论文（似不宜用新华社社论形式，而用你的名字为宜），拟一单纪念七七的口号……此两件请于六月最近两天拟好，以便于六月二十八日发出，六月二十九日各地见报……"毛泽东体谅胡乔木的辛苦，因此他在给胡乔木的信中特别交代："以上工作很繁重，都堆在你的身上，请你好好排列时间，并注意偷空睡足觉。你起草后，我给你帮忙修改，你可节省若干精力。"本想让胡乔木来承担这个任务，但胡乔木刚刚被任命为新华通讯社社长，同样处在百忙中。"论文"的初稿按时起草出来了，却没有达到毛泽东的要求。后来胡乔木回忆了这件事的过程，说道："稿子写出以后，结果没有用。毛主席自己写了纪念七一的文章，这就是著名的《论人民民主专政》。"

胡乔木还说：新华社的主要稿件，"有的最后送毛主席审阅和修改。最重要的由毛主席亲自撰写"。《论人民民主专政》这篇论文，就属"最重要"之列。胡乔木写出的稿子不能用，剩下只有两天左右时限，毛泽东只好自己动笔。在我们现在可查阅到的档案中，留下了毛泽东起草的整整31页手稿，以及他反复修改的过程稿。在毛泽东修改定稿的首页上，专门注明了"新华社""急件"等字样。该文于6月30日由新华社全文播发，赶在7月1日中国共产党成立日这一天在《人民日报》头版头条刊发，报头还配发了"庆祝中国共产党二十八周年诞辰！""中国共产党万岁！"等标语。

之所以要在这个时间节点上总结我们党所走过的道路，一是要找到一些带规律性的经验，二是要从中得出一些结论。这些经验和结论涉及这个党的根本。在《论人民民主专政》一文中,毛泽东多次明确提到中国共产党人在长期的革命斗争实践中取得的各种"经验",既有归根结底的、总体层面的经验,也有内外政策的、具体层面的经验。

总结一些"主要的和基本的经验"

梳理毛泽东在文中总结和提到的经验,以下几点特别值得关注:

一是提到"主要的和基本的经验"。毛泽东从内外政策角度总结了我们党28年的基本经验。他指出,在中国共产党领导下,中国革命的理论和实践,"都大大地向前发展了,根本上变换了中国的面目。到现在为止,中国人民已经取得的主要的和基本的经验,就是这两件事:(一)在国内,唤起民众。这就是团结工人阶级、农民阶级、城市小资产阶级和民族资产阶级,在工人阶级领导之下,结成国内的统一战线,并由此发展到建立工人阶级领导的以工农联盟为基础的人民民主专政的国家;(二)在国外,联合世界上以平等待我的民族和各国人民,共同奋斗。这就是联合苏联,联合各人民民主国家,联合其他各国的无产阶级和广大人民,结成国际的统一战线。"毛泽东明确概括了中国共产党人经过28年的探索,得出的有关对内对外两方面的"主要的和基本的经验",也就指明了这个党在内政外交方面制定系列政策的基本出发点。

二是提到归根结底"集中到一点"的经验。毛泽东反复强调说:"中国人民在几十年中积累起来的一切经验,都叫我们实行人民民主专政。""总结我们的经验，集中到一点，就是工人阶级（经过共产党）领导的以工农联盟为基础的人民民主专政。这个专政必须和国际革命力量团结一致。这就是我们的公式，这就是我们的主要经验，这就是我们的主要纲领。"这是对上一条经验的又一次集中的、精练的概括。讲的就是总结我们党28年历程的根本主题和主要结论。

三是提到选择政治制度和道路的经验。毛泽东从孙中山探索40年和中国共产党探索28年的各自经验角度，指明了我们所选择的这样一条道路："一边倒，是孙中山的四十年经验和共产党的二十八年经验教给我们的，深知欲达到胜利和巩固胜利，必须一边倒。积四十年和二十八年的经验，中国人不是倒向帝国主义一边，就是倒向社会主义一边，绝无例外。骑墙是不行的，第三条道路是没有的。我们反对倒向帝国主义一边的蒋介石反动派，我们也反对第三条道路的幻想。"这里讲的"一边倒"，并不仅仅是个外交方针，更重要的是讲我们选择的社会主义道路，"倒向社会主义一边"。这种道路的选择，是孙中山和中国共产党人经过长期实践探索得到的共同经验。

四是提到中国共产党所代表的无产阶级为什么能取得"基本胜利"的经验。毛泽东回答了一个关键性的问题：孙中山代表的资产阶级为什么"不可能领导任何真正的革命到胜利"，而中国共产党代表的无产阶级为什么"取得了基本胜利"？毛泽东给出的答案是，因为我们有"战胜敌人的主要武器"，那就是有区别于其他阶级和政党的一个党、一个军队、一个统一战线，这就是毛泽东所说的："我们的二十八年，就大不相同。我们有许多宝贵的经验。一个有纪律的，有马克思列宁主义的理论武装的，采取自我批评方法的、联系人民群众的党。一个由这样的党领导的军队。一个由这样的党领导的各革命阶级各革命派别的统一战线。这三件是我们战胜敌人的主要武器。这些都是我们区别于前人的。依靠这三件，使我们取得了基本的胜利。"毛泽东点明，这个胜利的关键，还在于由谁来领导，"只有工人阶级最有远见，大公无私，最富于革命的彻底性。整个革命历史证明，没有工人阶级的领导，革命就要失败，有了工人阶级的领导，革命就胜利了"。毛泽东点明的这条经验，既是世界各国的实践经验，更是中国革命的实践经验。他认为，在帝国主义时代，一方面任何国家的任何别的阶级，都不能领导任何真正的革命达到胜利；另一方面，中国的小资产阶级和民族资产阶级曾经多次领导过革命，也都失败了。这些，"就是明证"。

　　五是提到处理好独立自主和国际援助关系的经验。毛泽东从反驳一些错误想法、错误提法的角度，讲到我们得出的一些经验，比如，他反驳了"不要国际援助也可以胜利"的错误想法，指出："在帝国主义存在的时代，任何国家的真正的人民革命，如果没有国际革命力量在各种不同方式上的援助，要取得自己的胜利是不可能的。胜利了，要巩固，也是不可能的。""这件事，中国人民的经验是太多了。孙中山临终时讲的那句必须联合国际革命力量的话，早已反映了这一种经验。"又比如，他进一步从"有了经验"的角度，反驳了当时有人提出的"我们需要英美政府的援助"的提法，断然指出："在现时，这也是幼稚的想法。"因为"孙先生有了经验了，他吃过亏，上过当。我们要记得他的话，不要再上当"。这就是说，中国共产党人处理独立自主和国际援助的关系，不仅从自身探索中得出了宝贵的经验，而且也汲取了孙中山"吃过亏，上过当"的经验教训。

六是专门提到了教育农民的经验。毛泽东历来关注中国农民问题，他始终认为农民是中国社会的"基本群众"。在《新民主主义论》中，毛泽东特别指出，"中国的革命实质上是农民革命"，"农民问题，就成了中国革命的基本问题，农民的力量，是中国革命的主要力量"。早在1927年作《湖南农民运动考察报告》时，他就指出，农民的力量"其势如暴风骤雨，迅猛异常"，"他们将冲决一切束缚他们的罗网，朝着解放的路上迅跑"。但问题是，这些农民绝大多数未受到过文化教育，我们党应该"站在他们的前头领导他们"，把农民组织起来，并开展文化运动，通过发展农民运动，农民的文化程度才能"迅速地提高"。到了写作《论人民民主专政》这篇文章时，毛泽东再次以苏联经验为例，从农村经济结构角度讲了教育、引导农民的重要性，指出："严重的问题是教育农民。农民的经济是分散的，根据苏联的经验，需要很长的时间和细心的工作，才能做到农业社会化。"他还特别强调："没有农业社会化，就没有全部的巩固的社会主义。"

达成一些"基本上一致的结论"

在新中国即将诞生之际，毛泽东在总结我们党历经28年探索得到的经验后，还要进一步告诉我们一些基本的结论。而这些结论，恰恰是紧紧围绕一些关键性问题展开的。

比如，毛泽东阐述了一个关键性结论，即必须走社会主义的道路。这个结论，他是通过"走俄国人的路——这就是结论"这个角度表达出来的。

又比如，毛泽东阐述了另一个关键性结论，"必须唤起民众，及联合世界上以平等待我之民族，共同奋斗"。这个结论，他是通过以孙中山为例表达出来的："孙中山和我们具有各不相同的宇宙观，从不同的阶级立场出发去观察和处理问题，但在二十世纪二十年代，在怎样和帝国主义作斗争的问题上，却和我们达到了这样一个基本上一致的结论。"

再比如，毛泽东还阐述了一个关键性的结论，即必须建立人民共和国，实行人民民主。这个结论，是毛泽东总结中国社会进程的历史，直接得出的一个根本性结论："西方资产阶级的文明，资产阶级的民主主义，资产阶级共和国的方案，在中国人民的心目中，一齐破了产。资产阶级的民主主义让位给工人阶级领导的人民民主主义，资产阶级共和国让位给人民共和国。"这是中国社会发展历史所证明了的，更是中国共产党走上中国政治舞台后所经历的实践证明了的。在中国不可能走资产阶级民主和资产阶级共和国的道路。中国社会的发展方向只能是建立人民民主政权，实行人民民主专政，并通过人民民主专政，才能真正达到民族独立、国家富强、人民自由幸福，最终实现中华民族伟大复兴的目标。

由此可见，在新中国成立前夕，毛泽东通过回顾总结党领导人民的奋斗历程和宝贵经验，就是要告诉人们，我们走过了一条什么样的路，我们今后要遵循什么样的原则、往哪个方向继续前进。

《论人民民主专政》一文，原本的切入点就是"纪念七一"，所以毛泽东写这篇文章时，原拟的主标题就是《二十八年》，定稿前改了主标题，副标题定为《纪念中国共产党二十八周年》。从构思这篇文章起，以纪念中国共产党成立28周年切入，这是确定的。但是，如何回看和总结已经走过的28年，站在怎样的基点上展望和走向未来？毛泽东在文章开头，就提醒世人：中国共产党"是一个大人了"，我们"是共产主义者"，看问题"有正确的宇宙观"，"懂得事物的生存和发展规律""懂得辩证法""看得远些"。这就清楚地表明，毛泽东写这篇文章，就是要告诉人们一种世界观和方法论，表达共产党人的一种战略思维。毛泽东还要清晰地告诉人们，我们这个党要往哪里去。他在文章的结尾处，坚定而自信地说："我们完全可以依靠人民民主专政这个武器，团结全国除了反动派以外的一切人，稳步地走到目的地。"

毛泽东写作这篇"论文"，是基于总结经验、继续前进的大思路考虑，是要向党内外、国内外讲清楚中国共产党一路走来的一些根本经验和继续前进的一些重大问题。

站在社会历史的巨变面前，毛泽东通过总结党的历史经验，阐述了有关中国共产党人在理论上的坚定性、中国人民所走道路的坚定性、新中国政权在制度选择上的坚定性以及新中国政权的人民性等重大问题。

这篇雄文，从理论和实践层面为马克思主义理论与中国实际相结合提供了范本，发挥了典范作用；向世人讲清楚了新中国的国体和政体，发挥了新中国基本政治制度的宣传普及作用；表达出共产党人的历史使命，发挥了进一步明确共产党人历史责任的作用。

中国共产党是一个善于总结经验的政党，每到重要历史节点，都要回望来路、明确方向、继续前进，从而不断走向伟大。

（杨明伟撰写）

卷十七

告诉美国国务卿两个理论逻辑

"丢掉幻想,准备斗争!"

"捣乱,失败,再捣乱,再失败,直至灭亡!"

这是一段时间以来中国网民们在谈论中美关系和具有许多新的历史特点的伟大斗争时,经常引用的两句话。

这两句话,出自毛泽东在新中国成立前夕于1949年8月写下的《丢掉幻想,准备斗争》这篇文章。文章的起因,就是要回应1949年8月美国方面发表的《美国与中国的关系》白皮书和美国国务卿艾奇逊为发表白皮书给美国总统杜鲁门的信。

给美国政客们讲了两个逻辑、两条定律

在《丢掉幻想,准备斗争》这篇文章中,毛泽东开门见山地指出:"美国国务院关于中美关系的白皮书以及艾奇逊国务卿给杜鲁门总统的信,在现在这个时候发表,不是偶然的。这些文件的发表,反映了中国人民的胜利和帝国主义的失败,反映了整个帝国主义世界制度的衰落。帝国主义制度内部的矛盾重重,无法克服,使帝国主义者陷入了极大的苦闷中。"

毛泽东给美国政客们讲了两个逻辑、两条定律：

"捣乱，失败，再捣乱，再失败，直至灭亡——这就是帝国主义和世界上一切反动派对待人民事业的逻辑，他们决不会违背这个逻辑的。这是一条马克思主义的定律。"

"斗争，失败，再斗争，再失败，再斗争，直至胜利——这就是人民的逻辑，他们也是决不会违背这个逻辑的。这是马克思主义的又一条定律。"

毛泽东还告诉他们，我们是怎样取得胜利的：

"斗争，失败，再斗争，再失败，再斗争，积一百零九年的经验，积几百次大小斗争的经验，军事的和政治的、经济的和文化的、流血的和不流血的经验，方才获得今天这样的基本上的成功。这就是精神条件，没有这个精神条件，革命是不能胜利的。"

他提醒那些还存在幻想的人们：

"'准备斗争'的口号，是对于在中国和帝国主义国家的关系的问题上，特别是在中国和美国的关系的问题上，还抱有某些幻想的人们说的。他们在这个问题上还是被动的，还没有下决心，还没有和美国帝国主义（以及英国帝国主义）作长期斗争的决心，因为他们对美国还有幻想。在这个问题上，他们和我们还有一个很大的或者相当大的距离。"

消除一些人对美国不切实际的幻想

在西方政客和敌对势力惯用的谎言手段面前，如何认清外部势力干涉中国内政的本质，如何教育人民搞清真相、分清敌友？这是当时我们党面临的一个重大问题。在重大历史关头，会出现有模糊认识的人,甚至"有错误思想的人"。对这样一些人,需要"进行说服工作"。

毛泽东在宣布"中国人民站起来了"的时候,明确指出:"帝国主义者和国内反动派决不甘心于他们的失败,他们还要作最后的挣扎。在全国平定以后,他们也还会以各种方式从事破坏和捣乱,他们将每日每时企图在中国复辟。这是必然的,毫无疑义的,我们务必不要松懈自己的警惕性。"这种"破坏和捣乱",在新中国成立前后就没有停止过,为此,毛泽东告诫那些干涉中国内政者要"从中国事变中吸取教训","应当着手改变他们干涉中国内政的错误政策,采取和中国人民建立友好关系的政策"。

就在这个时候,美国国务院于1949年8月发表了《美国与中国的关系》白皮书和美国国务卿艾奇逊为发表白皮书给美国总统杜鲁门的信。白皮书详细叙述了抗日战争末期至1949年的5年间,美国实行扶蒋反共政策,千方百计反对中国人民革命,最后遭到失败的经过,公布了若干反对中国人民革命的真实材料,但却把美国侵略中国的政策说成是"对中国的关切","对中国的友谊"。还公开声称要鼓励中国的"民主个人主义者""再显身手",推翻中国共产党领导的人民民主专政的政府,摆脱"苏联的控制"。

这份白皮书,实际上是美国对华政策失败的真实记录,从另一方面展示了美帝国主义者侵华的罪行。为了帮助党内外人士提高警惕,并说服一些思想糊涂的人甚至"有错误思想的人",毛泽东通过修改或起草新华社社论等方式,亲自做工作,并号召:"先进的人们应当利用白皮书,向一切这样的人进行说服工作。"

经毛泽东亲自安排部署，中国共产党从1949年8月中旬至9月中旬，连续以新华社社论形式，发表了《无可奈何的供状》《丢掉幻想，准备斗争》《别了，司徒雷登》《为什么要讨论白皮书？》《"友谊"，还是侵略？》《唯心历史观的破产》六篇评论。这六篇评论中，后五篇是毛泽东亲自撰写的。这些重要社论文章，揭示了美国对华政策的真正面目，揭露了美国对华政策的侵略实质及其对中国革命的仇视，批评了国内一部分知识分子对美国不切实际的幻想。

在《丢掉幻想，准备斗争》这篇社论中，毛泽东指出"美国帝国主义者对于中国的目前这个局面是毫无办法了"，"他们不能控制了，他们无可奈何了"。在揭露美国对华政策的帝国主义本质时，他批评了国内一部分具有"民主个人主义思想"的人对美帝国主义的幻想，警告说："捣乱，失败，再捣乱，再失败，直至灭亡——这就是帝国主义和世界上一切反动派对待人民事业的逻辑，他们决不会违背这个逻辑的。"并提醒人们："斗争，失败，再斗争，再失败，再斗争，直至胜利——这就是人民的逻辑，他们也是决不会违背这个逻辑的。"

在《别了，司徒雷登》这篇社论中，毛泽东揭露了美国试图变中国为美国殖民地的侵略政策，明确表示："我们中国人是有骨气的。"并指出："中国还有一部分知识分子和其他人等存有糊涂思想，对美国存有幻想，因此应当对他们进行说服、争取、教育和团结的工作，使他们站到人民方面来，不上帝国主义的当。"

在《为什么要讨论白皮书？》这篇社论中，毛泽东针对美国国务卿艾奇逊说共产党领导的政府是"极权政府"的话，指出：

"这个政府是对于内外反动派实行专政或独裁的政府,不给任何内外反动派有任何反革命的自由活动的权利。反动派生气了,骂一句'极权政府'。其实,就人民政府关于镇压反动派的权力来说,千真万确地是这样的。这个权力,现在写在我们的纲领上,将来还要写在我们的宪法上。对于胜利了的人民,这是如同布帛菽粟一样地不可以须臾离开的东西。这是一个很好的东西,是一个护身的法宝,是一个传家的法宝,直到国外的帝国主义和国内的阶级被彻底地干净地消灭之日,这个法宝是万万不可以弃置不用的。越是反动派骂'极权政府',就越显得是一个宝贝。但是艾奇逊的话有一半是说错了。共产党领导的人民民主专政的政府,对于人民内部来说,不是专政或独裁的,而是民主的。这个政府是人民自己的政府。这个政府的工作人员对于人民必须是恭恭敬敬地听话的。同时,他们又是人民的先生,用自我教育或自我批评的方法,教育人民。"

在《"友谊",还是侵略?》这篇社论中,毛泽东回应美国对中国的所作所为是"友谊"还是侵略的问题时,尖锐地指出:"艾奇逊当面撒谎,将侵略写成了'友谊'。"毛泽东列举了1840年以来美帝国主义侵略中国的历史事实,指出:"美帝国主义侵略中国的历史,自从一八四〇年帮助英国人进行鸦片战争起,直到被中国人民轰出中国止,应当写一本简明扼要的教科书,教育中国的青年人。"

在《唯心历史观的破产》这篇社论中,毛泽东回答了"马克思列宁主义来到中国之所以发生这样大的作用"原因在哪里的问题。毛泽东深刻指出:自1840年到1919年间的70多年中,在帝国主义侵略中国引起的反抗中,"中国人没有什么思想武器可以抗御帝国主义。旧的顽固的封建主义的思想武器打了败仗了，抵不住，宣告破产了。不得已，中国人被迫从帝国主义的老家即西方资产阶级革命时代的武器库中学来了进化论、天赋人权论和资产阶级共和国等项思想武器和政治方案，组织过政党，举行过革命，以为可以外御列强，内建民国。但是这些东西也和封建主义的思想武器一样，软弱得很，又是抵不住，败下阵来，宣告破产了"。毛泽东明确告诉人们，是自1917年俄国十月革命以后，唤醒了中国人，"中国人学得了一样新的东西，这就是马克思列宁主义。中国产生了共产党，这是开天辟地的大事变"，"从此以后，中国改换了方向"。在回答"马克思列宁主义来到中国为什么会发生这样大的作用"问题时，毛泽东认为，是因为中国的社会条件有这种需要，是因为同中国人民革命的实践发生了联系，是因为被中国人民所掌握了。因此，他提出："任何思想，如果不和客观的实际的事物相联系，如果没有客观存在的需要，如果不为人民群众所掌握，即使是最好的东西，即使是马克思列宁主义，也是不起作用的。我们是反对历史唯心论的历史唯物论者。"毛泽东还批评说："艾奇逊胡诌了一大篇中国近代史，而艾奇逊的历史观点正是中国知识分子中有一部分人所同具的观点，就是说资产阶级的唯心的历史观。"毛泽东在文章中用大量的事实说明："自从中国人学会了马克思列宁主义以后，中国人在精神上就由被动转入主动。从这时起，近代世界历史上那种看不起中国人，看不起中国文化的时代应当完结了。伟大的胜利的中国人民解放战争和人民大革命，已经复兴了并正在复兴着伟大的中国人民的文化。"

"人民的国家是保护人民的!"

通过这些回答,毛泽东清楚地告诉世人:对帝国主义侵略的本质,要有清醒的认识;对帝国主义者不能抱有任何幻想;我们要建立的新中国,是一个人民当家作主的国家,是一个完全独立自主的主权国家;中华民族被压迫和被侮辱的日子,将永远成为过去,我们已经站起来了;由于有了马克思列宁主义的指导,中国人在精神上才由被动转入主动,中华民族伟大复兴才有了可能;在中国共产党领导下,一个全新的中国,已经翻开了"从此站起来了"的时代篇章。

1949年,以毛泽东为代表的中国共产党人带领人民经过28年艰难探索和浴血奋战,迎来了一个由人民当家作主的全新的历史新纪元。这年9月30日,在中国人民政治协商会议第一届全体会议闭幕式上,通过了一份由毛泽东亲自起草的《中国人民政治协商会议宣言》,其中明确写道:"中国的历史,从此开辟了一个新的时代。"

就在这个"新的时代"来临的时候毛泽东还回答了一系列问题。

比如:在回应经济悲观论调时,他指出:"善于建设一个新世界","将活得比帝国主义国家要好些"。

在回答新中国的政治制度构架时,他指出:"集中到一点,就是工人阶级(经过共产党)领导的以工农联盟为基础的人民民主专政。"

在回答党和政府与人民群众的关系问题时,他指出:"我们共产党人区别于其他任何政党的又一个显著的标志,就是和最广大的人民群众取得最密切的联系。全心全意地为人民服务，一刻也不脱离群众；一切从人民的利益出发，而不是从个人或小集团的利益出发；向人民负责和向党的领导机关负责的一致性；这些就是我们的出发点。"

毛泽东特别向国内外宣告："人民的国家是保护人民的。""人民万岁！"

（杨明伟撰写）

卷十八

为什么要批驳美国政客的言论

1949年8月至9月,新华社连续播发了由毛泽东亲自撰写的五篇文章(社论),严厉批驳当时美国总统杜鲁门、幕后总司令马歇尔、国务卿艾奇逊和美国驻华大使司徒雷登等政客的言论。这些言论主要包括1949年8月5日美国国务院公布的《美国与中国的关系》白皮书和艾奇逊给杜鲁门的信等。毛泽东为什么要坚决迅速地批驳美国政客的言论呢?

美国政客存在严重的唯心史观

毛泽东在系列文章中指出,白皮书和信件的发表,反映了美国政客不甘心看到中国人民已经站起来的事实。毛泽东清楚地看到,美国政客们对中国革命等问题采取了全面污蔑的态度,反映了他们的唯心史观本质。

中国共产党领导的中国人民解放军即将解放全中国之际,美国国务院于1949年8月5日公布了《美国与中国的关系》白皮书(简称白皮书)和美国国务卿艾奇逊给杜鲁门总统的信(简称信件)。

毛泽东在《丢掉幻想,准备斗争》一文中,开宗明义地指出：白皮书和信件，"在现在这个时候发表，不是偶然的。这些文件的发表，反映了中国人民的胜利和帝国主义的失败，反映了整个帝国主义世界制度的衰落。帝国主义制度内部的矛盾重重，无法克服，使帝国主义者陷入了极大的苦闷中"。在毛泽东连续发表批判白皮书和信件的文章后，引起了国内外广泛的注意和讨论。

毛泽东在《为什么要讨论白皮书？》中，进一步指出："现在全世界都在讨论中国革命和美国的白皮书，这件事不是偶然的，它表示了中国革命在整个世界历史上的伟大意义。就中国人来说，我们的革命是基本上胜利了。"美国政客不甘心看到中国人民已经站起来的心态，从他们对中国革命发生原因、性质等歪曲和污蔑中就能看出来。

中国革命发生的原因，艾奇逊说是中国人口太多。对于这种唯心史观谬论，毛泽东在《唯心历史观的破产》中针锋相对地批判道："古今中外有过很多的革命，都是由于人口太多吗？中国几千年以来的很多次的革命，也是由于人口太多吗？美国一百七十四年以前的反英革命，也是由于人口太多吗？艾奇逊的历史知识等于零，他连美国独立宣言也没有读过。华盛顿杰斐逊们之所以举行反英革命，是因为英国人压迫和剥削美国人，而不是什么美国人口过剩。"毛泽东进一步指出："中国人民历次推翻自己的封建朝廷，是因为这些封建朝廷压迫和剥削人民，而不是什么人口过剩。"毛泽东还尖锐地指出，从艾奇逊这类政客的心态中可以看出，他们唯恐中国不乱，希望中国大乱。"按照艾奇逊的说法，中国是毫无出路的，人口有了四亿七千五百万，是一种'不堪负担的压力'，革命也好，不革命也好，总之是不得了。

艾奇逊在这里寄予了很大的希望,这个希望他没有说出来,却被许多美国新闻记者经常地透露了出来,这就是所谓中国共产党解决不了自己的经济问题,中国将永远是天下大乱。"毛泽东并不信这个邪,他从唯物史观出发,提出了具有真理性的命题:革命加生产即能解决吃饭问题。毛泽东充满自信地说:"我们相信革命能改变一切,一个人口众多、物产丰盛、生活优裕、文化昌盛的新中国,不要很久就可以到来,一切悲观论调是完全没有根据的。"

艾奇逊又曰中国革命发生的原因,是受"西方的影响"。艾奇逊讲的"西方的影响"有两层意思:一是指西方文化对中国的影响,二是指西方文化是一种"高度文化"。毛泽东则从唯物史观上批驳了艾奇逊的说法。毛泽东认为,西方文化传入中国,确实产生了影响,但是,这种影响从本质上讲,是"西方资产阶级按照自己的面貌用恐怖的方法去改造世界"。

毛泽东的这个概括是用中国共产党人的话语,解析《共产党宣言》中的这个重要观点。马克思、恩格斯指出:资产阶级运用其生产方式,"它迫使一切民族——如果它们不想灭亡的话——采用资产阶级的生产方式;它迫使它们在自己那里推行所谓的文明,即变成资产者。一句话,它按照自己的面貌为自己创造出一个世界"。

当然,在马克思、恩格斯看来,资产阶级运用其生产方式向全世界扩张具有两重性,一是创造了新的生产力,二是造就了运用这种生产方式的资产阶级掘墓人。毛泽东历数了中国近代史上发生的英国鸦片侵略的战争、英法联军侵略的战争、法国侵略的战争、日本侵略的战争、八国联军侵略的战争等,这就是艾奇逊所讲的西方资产阶级文化对中国的影响。

针对艾奇逊傲视为"高度文化"的西方资产阶级文化,毛泽东也作了剖析。毛泽东认为,中国人对西方文化的认识经历了一个过程。从1840年的鸦片战争到1919年的五四运动,中国人确实没有什么思想武器可以抵御帝国主义。旧的顽固的封建主义的思想武器打了败仗,抵不住,宣告破产了。不得已,中国人被迫从帝国主义的老家即西方资产阶级革命时代的武器库中学来了进化论、天赋人权论和资产阶级共和国等思想武器和政治方案,组织过政党,举行过革命,以为可以用它来外御列强,内建民国。但是这些东西也和封建主义的思想武器一样,软弱得很,又是抵不住,败下阵来,宣告破产了。无情的事实告诉中国人"帝国主义的侵略打破了中国人学西方的迷梦。很奇怪,为什么先生老是侵略学生呢?中国人向西方学得很不少,但是行不通,理想总是不能实现"。毛泽东还以中国革命的先行者孙中山为例说明上述道理:"孙先生以大半辈子的光阴从西方资产阶级文化中寻找救国真理,结果是失望,转而'以俄为师',这是一个偶然的事件吗?显然不是。"

毛泽东这种据史立论、论从史出的叙述方式,具有极强的说服力。

在批驳了西方文化并不是什么"高度文化"之后,毛泽东指出,真正的高度文化是马克思列宁主义。"一九一七年的俄国革命唤醒了中国人,中国人学得了一样新的东西,这就是马克思列宁主义。中国产生了共产党,这是开天辟地的大事变。……总之是从此以后,中国改换了方向。"

马克思列宁主义来到中国为什么会发生这样大的作用呢?毛

泽东从唯物史观的高度和深度上解析了这个真理："马克思列宁主义来到中国之所以发生这样大的作用，是因为中国的社会条件有了这种需要，是因为同中国人民革命的实践发生了联系，是因为被中国人民所掌握了。任何思想，如果不和客观的实际的事物相联系，如果没有客观存在的需要，如果不为人民群众所掌握，即使是最好的东西，即使是马克思列宁主义，也是不起作用的。"

这恰恰说明，一个国家实行什么样的主义，关键要看这个主义能否解决这个国家面临的历史性课题。

抓住美国政客言论的要害

美国政客那些颠倒黑白的言论并不是每句话都能反映这些政客的真实面目的，比如，他们言论中那些充满仁义道德的辞藻。毛泽东运用辩证唯物主义和历史唯物主义的望远镜和显微镜，抓住美国政客言论的要害并加以批驳。

要害之一：把侵略说成"友谊"

这就抓住了美国政客尤其是艾奇逊国务卿冠冕堂皇言论中的一个要害。毛泽东指出：白皮书上提到的中美两国有史以来第一次签订的1844年的《望厦条约》，这清楚表明"美国是最早强迫中国给予治外法权的国家之一"。

在《"友谊"，还是侵略？》这篇文章中，毛泽东历数了中国近现代史上美国对中国的"友谊"的表示：参加八国联军打败中国，迫出庚子赔款，又用之于"教育中国学生"，从事精神侵略，也算一项"友谊"的表示；治外法权是"废除"了，强奸沈崇案的犯人回到美国,却被美国海军部宣布无罪释放,也算一项"友谊"的表示;所谓战时和战后对华援助,帮助蒋介石杀死几百万中国人,也算一项"友谊"的表示;等等。毛泽东指出:"美帝国主义侵略中国的历史,自从一八四〇年帮助英国人进行鸦片战争起,直到被中国人民轰出中国止,应当写一本简明扼要的教科书,教育中国的青年人。"

要害之二:美国对华援助的实质

美国对华援助是白皮书不厌其烦提到的,而且还有具体数字。美国教会、"慈善"机关在中国的投资,总额达4190万美元,白皮书讲美国"战时和战后的对华援助"达45亿多美元(据我方统计是59亿多美元)。美国对华援助的这些钱用来干什么呢?一是进行精神侵略,二是帮助蒋介石杀死几百万中国人。

毛泽东在《别了,司徒雷登》一文中,一针见血地指出了美国对华援助的实质:"美国出钱出枪,蒋介石出人,替美国打仗杀中国人,借以变中国为美国殖民地的战争,组成了美国帝国主义在第二次世界大战以后的世界侵略政策的一个重大的部分。"

要害之三:怎么看美国的两党制和两党之间的斗争

这是当时一些中国人(包括年轻人)看不清楚的问题。毛泽东敏锐地看到,白皮书和信件的发表是有当时美国民主党和共和党之间斗争背景的。中国革命的胜利和美国对华政策的失败"已经迫使美帝国主义集团内部的一个方面,一个派别,要用公开发表自己反对中国人民的若干真实材料,并作出反动的结论,去答复另一个方面,另一个派别的攻击,否则他们就混不下去了"。

从这个意义上看，毛泽东称白皮书是"以脱卸责任为目的的白皮书"。

毛泽东在《为什么要讨论白皮书？》一文中，再次用中国共产党人的话语解读了马克思主义的重要观点。1891年，恩格斯为纪念马克思的《法兰西内战》发表20周年而写的导言中，阐释了19世纪末美国的两党制和两党之间的斗争：这是"两大帮政治投机家，他们轮流执掌政权，用最肮脏最卑鄙的目的运用这个政权，而国民却无力对付这两大政客集团，这些人表面上是替国民服务，实际上却是统治和掠夺国民的"。毛泽东深刻指出了美国两党制和两党之间斗争的实质，这是"他们同伙中的对手辩论究竟哪一种反革命方法较为聪明的问题，是必要的和可行的。他们企图借此说服其对手，以便继续他们自认为较为聪明的反革命方法"。毛泽东还指出，为什么有些人对这个问题的观察不正确，"就是因为他们没有或不赞成用历史唯物主义的观点去看问题的缘故"。

在历史发展的长过程中，历史现象虽然不会出现简单重复，但却有惊人的相似之处。当今世界正经历百年未有之大变局，国际格局正处于大发展大变革大调整时期，在这样的背景下，出现了一些美西方政客围堵、攻击、污蔑中国的种种谬论，而且这些论调有时还颇能迷惑一些人。今天重新审视美国政客说一套做一套的两面派嘴脸，重新读读毛泽东的这些反驳文章，会给我们别样的启发。

（严书翰撰写）

第七编　治军原则

卷十九

"我们的原则是党指挥枪"

"我们的原则是党指挥枪,而决不容许枪指挥党。"这句名言,写在毛泽东1938年6月的军事篇章《战争和战略问题》中。这就是毛泽东领导创建人民军队的过程中,为这支军队确定的最根本、最核心的原则。

这句名言所体现的人民军队建军总原则和核心意思,却由来已久,是从血的教训中得出来的结论!追根溯源,还得从大革命时期中国共产党直接领导和掌握的第一支正规武装说起。

人民军队成立之初就标明了自己的属性:由中国共产党领导

创立一支人民军队,是毛泽东、周恩来、朱德等人从大革命时期开始的求索。

1924年1月,在孙中山的主持下,中国国民党第一次全国代表大会确定了联俄、联共、扶助农工三大政策,第一次国共合作实现。由此也拉开了国民革命的序幕。同年6月,黄埔军校创办。9月,周恩来奉中共中央之命由法国回到广州,不久担任中共广东区委委员长、黄埔军校政治部主任。开创军队政治工作新局的周恩来，在总结孙中山从事军事斗争屡遭失败原因、旧式军队最大弱点并研究苏联革命成功经验时，得到一个启示："革命数十年尚未成功的一个重要原因就是没有一支真正的革命军。"在黄埔军校期间，周恩来利用工作便利条件，推荐了一大批有能力的共产党人到军校和各军中担任重要职务。1924年11月初，在征得孙中山的同意后，周恩来在广州负责组建了"大元帅府铁甲车队"。铁甲车队的队长徐成章、副队长周士第、军事教官赵自选都是周恩来从黄埔军校教官和毕业生中选调的共产党员。这支铁甲车队，成为中国共产党领导下的最早的一支革命武装。1925年11月之后，周恩来等人征得国民革命军第四军军长李济深同意，以铁甲车队的100多名队员为基础，在广东进一步组建了由共产党人领导的第四军独立团。团长由刚从苏联学习回国的共产党员叶挺担任，周士第任参谋长。该团的一些营长、连长和各级领导，是从黄埔军校调来的共产党员，而且从团到连都建立了共产党的组织。周恩来亲自过问团干部任免、调动、人员补充和军政工作。叶挺独立团，也就成为中国共产党直接领导和掌握的第一支正规军队。

从1926年5月起，叶挺独立团在北伐战争中一路担任开路先锋。出发前周恩来还专门向连以上共产党员干部作了动员讲话，号召大家要英勇作战，不怕牺牲，担负起北伐先锋的任务。叶挺独立团的2000多名勇士一路冲锋，向湖南省中部挺进，先后攻克汝城、攸县、醴陵、平江，夺取汀泗桥、贺胜桥，为北伐军扫清了沿途的各种障碍，一直登上武昌城，创造了北伐战争史上最为辉煌的战绩，由此也为国民革命军第四军赢得了"铁军"的称号。同样是北伐军，为什么叶挺的队伍能够所向披靡，建立卓越功勋？铁军到底"铁"在哪里？就是因为它是共产党人直接领导的军队，冲在最前面的大多也是共产党员。它一改中国旧式军队的习气，有着严密的组织纪律、大无畏的革命精神以及视沿途群众为父母的作风。后来朱德做过这样的评价：没有这支共产党人领导的"铁军"，就不可能有南昌、秋收、广州、湘南等起义。这支铁一般刚强的军队，也就成为后来红军的榜样。

1927年，蒋介石集团发动四一二、七一五等反革命政变，屠杀共产党人，国共合作破裂。为挽救革命，中共中央决定在南昌发动武装起义，南昌起义的主力之一，就是叶挺率领的国民革命军第十一军第二十四师。在起义部队撤离南昌的过程中，周恩来、叶挺、聂荣臻等一路同行。后来聂荣臻回忆："我们党在当时已经逐渐地认识到直接准备战争和组织军队的重要性。虽然这种认识还是很不够的，但是比起前一时期却有了显著的进步。"

对党领导军队的重要性是在什么时候开始有了更加足够的认识的呢？那是毛泽东领导秋收起义上井冈山以后的事。

1927年9月，毛泽东根据中共中央指示，以中共中央特派员和湖南省委秋收起义前敌委员会书记身份，在湘赣边界领导发动秋收起义。随后带领起义队伍上了井冈山。上井冈山后，毛泽东就将这支队伍的性质在一首词中定了下来。

西江月·秋收起义

军叫工农革命，旗号镰刀斧头。匡庐一带不停留，要向潇湘直进。

地主重重压迫，农民个个同仇。秋收时节暮云愁，霹雳一声暴动。

湘赣边秋收起义部队

旗号的标识即代表番号的属性:"镰刀斧头",工农的武装。一语道破,就是共产党的武装。

1928年1月,朱德率领南昌起义退下来的队伍,再次发动湘南起义。4月,朱德率部万余人和毛泽东在井冈山会师。两支队伍合在一起,就是后来的中央红军的底子。这支队伍的番号怎么取?毫无疑问,共产党的色彩就决定了它的番号:工农革命军第四军。6月,改称中国工农红军第四军(简称"红四军")。之所以把起义后合编的第一支红军武装叫"红四军",取的就是叶挺"铁军"的威名。朱德任军长,毛泽东任党代表,从此开始了"朱毛红军"的历史。

无独有偶,贺龙在参加南昌起义后,按照中央指示回到湘西建立根据地,于南昌起义一周年之时,也将共产党所领导的湘西工农革命军称为"红四军"。

毛泽东等人领导的这支部队，一开始就明确标明了自己的属性：由中国共产党领导。这支军队一经成立，就确定了它必须完全在中国共产党的领导之下。因此，井冈山的红四军成立之时，就召开了中国共产党工农革命军第四军第一次代表大会，毛泽东被选为中共工农革命军第四军军委书记。不久后，毛泽东在给中共中央的报告中总结"井冈山的斗争"，其中讲到这支军队的特点，特别强调指出："党的组织，现分连支部、营委、团委、军委四级。连有支部，班有小组。红军所以艰难奋战而不溃散，'支部建在连上'是一个重要原因。"

　　党的组织和党的领导体制，决定了这支军队的生命力。

"党指挥枪"的曲曲折折

　　然而，在白色恐怖的旧中国建立一支新式军队，党要指挥枪，绝不是件容易的事！

　　自井冈山等地开辟农村革命根据地以后，随着革命力量的不断扩大，党领导的红军内部也逐渐蔓延着各种非无产阶级的思想。在红军中有人试图以军事机关代替党的领导，提出：在组织上以军事工作机关为主导，不以党的组织对外，而是"司令部对外"。这实际上也就是要把军队的组织原则变成"枪指挥党"。毛泽东发现这种苗头以后，果断地指出：这是一种"单纯军事观点"，"这种思想如果发展下去，便有走到脱离群众、以军队控制政权、离开无产阶级领导的危险，如像国民党军队所走的军阀主义的道路一样"。

　　1929年6月，毛泽东在给红四军第一纵队司令员林彪的信中明确提出，在红四军要绝对建立起党的领导权。他指出："个人领导与党的领导，这是四军党的主要问题。"

毛泽东在给林彪的信中，分析了红四军的大部分是"从旧式军队脱胎出来""从失败环境中拖出来"这两点情况后，他说：

"我们记起了这两点，就可以知道一切思想、习惯、制度何以这样地难改，而党的领导与个人的领导何以总是抗分，长在一种斗争状况之中。红军既是从旧式军队变来的，便带来了一切旧思想、旧习惯、旧制度的拥护者和一些反对这种思想、习惯、制度的人作斗争，这是党的领导权在四军里至今还不能绝对建立起来的第一个原因。不但如此，四军的大部分是从失败环境之下拖出来的（这是一九二七年），结集又是失败之前的党的组织，既是非常薄弱，在失败中就是完全失了领导。那时候的得救，可以说十分原因中有九分是靠了个人的领导才得救的，因此造成了个人庞大的领导权。这是党的领导权在四军里不能绝对建立起来的第二个原因。明白了这两个原因，我们再来看一看四军党组织以后的历史，更明白个人与党斗争的盈虚消长之机。"

正因为"党的领导与个人的领导"关系问题上已经形成的旧思想、旧习惯、旧制度"这样地难改"，"总是抗分"，所以毛泽东决定在红四军召开第九次党代表大会，从根本上解决这一"主要问题"。这就是古田会议召开的根本原因。

1929年12月，毛泽东在古田会议上批评说："红军党的组织问题现在到了非常之严重的时期，特别是党员的质量之差和组织之松懈，影响到红军的领导与政策之执行非常之大。""这对于执行党的正确路线，妨碍极大。若不彻底纠正，则中国伟大革命斗争给予红军第四军的任务，是必然担负不起来的。"因此，毛泽东明确提出:"每连建设一个支部,每班建设一个小组,这是红军中党的组织的重要原则之一。"他还特别提醒说,绝不能出现这种现象:"党与军事分离,有成为党不能领导军事的危险。"根据毛泽东的建军思想,红四军中党的绝对领导问题由此基本解决。

回过头来再说叶挺。如果光有勇猛的军队和善战的将领,离开了共产党的领导行不行?这恰恰是叶挺在革命过程中遇到的一大困惑!

叶挺是大革命开始后的1924年底加入中国共产党的,既是北伐名将,也是中共最早的一员战将。1927年分别参加领导"八一"南昌起义和当年12月的广州起义。广州起义失败后,受到"左"倾领导人不公正的责难和冷遇,脱离党组织,侨居海外。离开党组织的叶挺,既失去了"同志"的称呼,也没有了党的属性,时常感到"空虚或不足"。全面抗战爆发后,叶挺怀着民族大义回国投入抗日大业。恰遇共产党与国民党方面在商谈改编中共南方红军游击队为新四军的事。国共双方都在为新四军军长人选问题左右掂量:南方游击队是中共自己的队伍,自红军长征后在千难万险中坚持斗争,好不容易迎来"出头之日",自然要更进一步加强党的领导;国民党蒋介石早就想彻底消灭中共武装,无奈最终要联合抗日,只好谈判合作,但先是趁和谈之机推行"北和南剿"的方针,企图全面消灭中共南方红军游击队,在图谋未果、不得不同意保留的情况下,又不愿意在其"腹地"留存一支由共产党领导的军队。因此,国共双方在任命谁为军长的问题上,曾经一度僵持。叶挺的出现,给双方打开了僵局。1937年8月,周恩来在上海会晤刚刚回国的叶挺时,曾提议由叶出任新四军军长。但蒋介石国民党正式直接任命叶挺为军长的目的，却是想利用叶挺这一非中共党员的名将来执掌新四军，达到其削弱中共对新四军领导权的目的。

叶挺入主新四军，虽然有助形成南方抗日统一战线的大局，但新四军的组建和发展，不断要与国民党顽固派方面较量，并面临着"党指挥枪"还是"枪指挥党"的核心问题。蒋介石正是在这一核心原则问题上，始终想置共产党领导的队伍于死地。

有资料表明，叶挺在获得任命之后，应毛泽东和中共中央的要求到过延安。在延安期间，他表示完全接受中共的领导，但却没有接受有关人员提议他重新加入中国共产党的建议。叶挺在这一时期的政治理念、治军思想，与中共中央的主张还是存在一定距离的，但这并不影响毛泽东和中共中央对叶挺的完全信任。当时在中共中央内部，也存在王明等人的一些杂音，主张"一切经过统一战线""一切服从统一战线"，放弃中共在统一战线中的领导权。

正是在这样的背景下，毛泽东于1938年10月在中共六届六中全会上特别阐述了中国共产党在民族战争中的地位问题，提醒全党同志，要明确地知道并认真地负起中国共产党领导抗日战争的重大历史责任，强调"坚持统一战线和坚持党的独立性"，要求在坚持抗日民族统一战线的方针下既要团结又要斗争，批评了统一战线问题上的迁就主义错误。

紧接着，毛泽东进一步在如何处理中共与国民党的关系、如何处理党和军队的关系两大问题上，给了大家明确的解答。他说：

"共产党员不争个人的兵权（决不能争，再也不要学张国焘），但要争党的兵权，要争人民的兵权。现在是民族抗战，还要争民族的兵权。在兵权问题上患幼稚病，必定得不到一点东西。劳动人民几千年来上了反动统治阶级的欺骗和恐吓的老当，很不容易觉悟到自己掌握枪杆子的重要性。日本帝国主义的压迫和全民抗战，把劳动人民推上了战争的舞台，共产党员应该成为这个战争的最自觉的领导者。每个共产党员都应懂得这个真理：'枪杆子里面出政权'。我们的原则是党指挥枪，而决不容许枪指挥党。"

"党指挥枪"的口号，就是这样呼之即出的。

再回过头来看新四军的命运。新四军成立后，其领导权和指挥权完全掌握在中共手里。就是在这一核心问题上，蒋介石很快感觉到失控，即便任命了叶挺，也不能掌控这支部队，最终使得他下决心发动"皖南事变"欲消灭新四军。1941年1月，叶挺在震惊中外的"皖南事变"中不幸身陷囹圄，被国民党顽固派囚禁于上饶集中营，后来辗转被囚于广西桂林和湖北恩施。这期间，中共中央不断想法营救未果。抗战胜利后，叶挺被押至重庆，失去自由达五年之久。在中共中央无数次与国民党方面的交涉下，最终才把叶挺救了出来。

1946年3月4日，叶挺出狱。经过深思熟虑的他，做了一个重大的政治决定：立即申请重新入党。3月5日，叶挺致电毛泽东转中共中央，提出重新入党申请："决心实行我多年的愿望，加入伟大的共产党。"3月7日，毛泽东为中共中央起草致董必武、王若飞电："同意叶入党。叶来电与中央复电，均于今晚广播，收到时请在《新华日报》发表，并先告叶，但不要登广告。"8日，《解放日报》《新华日报》发表中共中央复叶挺电："你为中国民族解放与人民解放事业进行了二十余年斗争,经历了种种严重考验,全中国都已熟知你对民族与人民的无限忠诚。兹决定接受你加入中国共产党为党员,并向你致热烈的慰问与欢迎之忱。"在叶挺这番波折中,在他与党的关系中,使用"种种严重考验"和"无限忠诚"两个词,不是一句简简单单、轻轻松松的话。叶挺终于成为党中央称呼的"亲爱的叶挺同志"。

回到党的怀抱中的叶挺,完全像个孩子似的,"开始了新生",他连夜给刘少奇和任弼时回信说:

"晨写此信时,我的热泪不时泛起,不可抑止。我分析这种眼泪的成分,首先是感激与喜悦的,再则是痛苦和郁闷的,它们并泻并交流,结束我的过去,开展我的新生!但我自知,痛感自己过去所获的浅薄知识,决不足以应付中国复杂的局面。就目前而论,不问党把我放在任何岗位,我都不敢自信的。如何学习,补其空虚或不足之处,尚祈考虑指示为幸!我噙着眼泪写这封信,一则表示感激党中央对我的殊遇,再则请求帮助我解决学习问题。至于我的最后一部分自传,当即赶写奉上。我很高兴,从此之后,我能很自然地亲切地称你们为同志了!"

一句"不问党把我放在任何岗位,我都不敢自信"的话语,一部叶挺与党的关系史,在一定程度上恰恰反映了中国共产党早期确立"党指挥枪"理念的曲折发展史。

"党指挥枪"是人民军队永远不变的根本原则和军魂

经过艰苦卓绝的斗争锤炼,中国共产党领导的这支人民军队牢牢地建立了"党指挥枪"这条首要原则。再经过抗日战争和解放战争，这条原则，为我们党领导人民军队取得一个又一个的伟大胜利奠定了重要的基础。对此，毛泽东感触最深。1944年4月11日，他授意中共中央军委总政治部副主任谭政起草了《关于军队政治工作问题》的报告，并在修改报告时特别加写了这样几句话：

"如果我们的军队没有共产党领导，如果没有共产党领导的革命的军事工作与革命的政治工作，那是不能设想的。没有共产党的领导，就不可能有彻底拥护人民利益的军事工作与政治工作，而如果没有这种军事工作与政治工作的军队，就不可能是彻底拥护人民利益的军队。八路军新四军在抗日战争中之所以能够如此英勇坚持，艰苦奋斗，再接再厉，百折不回，其根本原因就在这里。"

加上这几句话后，他还专门交代谭政将报告送给当时在延安的周恩来和各抗日根据地的主要领导人看。这一时期，"党指挥枪"的原则，不仅是个实践层面的问题了，已经被提升到了理论层面，并成为我们党和军队值得总结和永远坚持的优良传统，得到党内、军内的完全认可。

从革命战争岁月中走过来的人民军队的官兵们，都深深地懂得：我们的原则是党指挥枪，决不允许枪指挥党。不管你本事有多大，领导的队伍人数有多少，都不能与组织对抗，更不能与党中央对抗、闹对立，要用无产阶级的党性和铁的纪律严格要求自己，自觉地维护党的团结和党中央的权威。

"党指挥枪"这条原则，在新中国成立后，在党和军队发展的任何情况下，毛泽东等老一辈革命家都始终强调，不断提请党内、军内同志注意，尤其是提醒军队高层将帅，要时刻牢记，不

1944年4月,毛泽东指导起草并亲自修改的《关于军队政治工作问题》报告

能居功自傲。1953年12月7日至1954年1月26日,中共中央召开全国军事系统党的高级干部会议。1954年1月,这时毛泽东正在杭州主持起草宪法,中央决定由朱德为全国军事系统党的高级干部会议作闭幕词。朱德的闭幕词稿事先传给毛泽东看过几遍,其中有一部分讲到党和军队的关系。随同毛泽东在杭州的人建议加上几句话,毛泽东欣然同意,特意嘱咐朱德和彭德怀,加上以下几句话:

"必须使全军了解:我们的武装部队是在党的领导之下建设和发展起来的,是在党的领导之下战胜了敌人的。没有党的领导,就没有我们的革命武装部队。我们军委是在党中央的领导之下进行工作。

"我们武装部队的高级干部应当时刻记住毛泽东同志的指示:'我们的原则是党指挥枪,而决不容许枪指挥党。'就是说,我们的武装部队和武装部队的一切干部,要忠诚地服从党的领导,在党中央的领导之下紧紧地团结起来。"

1958年1月,在起草《工作方法六十条》的时候,毛泽东又

1953年12月7日，朱德在全国军事系统党的高级干部会议上致开幕词

特意加写了这样的内容："军队必须放在党委的领导和监督之下，现在基本上也正是这样做的，这是我军的优良传统。"

1962年8月1日，在中国人民解放军迎来建军35周年的时候，朱德感慨万千，赋诗一首，其中有两句最能表达他的心声：

建军总原则，党的领导尊。
非军指挥党，惟党指挥军。

1965年5月，毛泽东在重上井冈山之时，回想起38年前的斗争岁月，也深有感触地与随同的人谈起"党指挥枪"的建军原则。

进入"文化大革命"时期，党和军队的关系曾一度被林彪、"四人帮"一伙搞乱。1971年"九一三"事件后，在总结军队内部出现的问题过程中，毛泽东和一些老帅深刻地意识到：自1959年林彪主管军队工作起，特别是在他主管的后期，军队被搞乱了，乱就乱在偏离了党中央的意志，拉起了山头，搞起了派性。

1971年10月后，根据毛泽东的指示，叶剑英主持召开军委扩大会议，在讨论整顿军队问题时，叶剑英反复强调：军队必须坚持党指挥枪的原则，军队的领导权必须掌握在可靠的人手里。

1975年初，邓小平在主管军队整顿工作时，毛泽东又特意交代他："军队要整顿"，"优良传统要恢复"。针对林彪主管军队工作时期，"军队被搞得相当乱。现在，好多优良传统丢掉了"的情况，邓小平发表了《军队要整顿》的讲话，句句切中要害："我们这个军队有好传统。从井冈山起，毛泽东同志就为我军建立了非常好的制度，树立了非常好的作风。我们这个军队是党指挥枪，不是枪指挥党。"

拨乱反正以后，在邓小平的主持下，毛泽东关于人民军队的建设思想和军事战略，被写入了《关于建国以来党的若干历史问题的决议》中，其中就包括："他规定了全心全意为人民服务是人民军队的唯一宗旨，规定了是党指挥枪而不是枪指挥党的原则。"

"我们的原则是党指挥枪，而决不容许枪指挥党。"毛泽东的这句名言，早已植根于人民解放军不变的军魂和传统之中。

党的十八大以后，以习近平同志为核心的党中央对进一步加强党对军队的绝对领导有着深刻的认识和高度的重视，不断提醒党内、军内同志对党指挥枪的极端重要性要有足够的认识。

习近平同志多次强调指出：

我军是执行党的政治任务的武装集团，"保证党对军队的绝对领导，关系我军性质和宗旨、关系社会主义前途命运、关系党和国家长治久安，是我军的立军之本和建军之魂"。"党对军队实施绝对领导有一系列根本原则和制度，无论战争形态怎么演变、军队建设内外环境怎么变化、军队组织形态怎么调整，都必须始终不渝坚持。这个最根本的问题守不住，军队就会变质，就不可能有战斗力！"

（杨明伟撰写）

卷二十

为什么要写下"加强纪律性"几句话

"军队向前进,生产长一寸,加强纪律性,革命无不胜。"

这是毛泽东在解放战争决战决胜之际提出的响亮口号;也是中国革命夺取全国规模胜利之际,毛泽东将军队行动、生产保障与纪律要求更紧密地统筹绑定的战略思考和战略部署的凝练概括。这里面,最关键的环节是"加强纪律性"!

毛泽东当时特别强调"加强纪律性"是"许多环节在目前时期的一个中心环节"。所以,这个二十字口号又被简称为:"加强纪律性,革命无不胜"。它成为中国共产党通过加强纪律建设保障伟大胜利的一个根本性要求和标志性口号!

这一要求是怎么来的呢?

在历史关头"建立报告制度"

1948年底,我军战略决战已经取得决定性胜利,毛泽东在奔赴北平前夕为复刊的《中国青年》题词:"军队向前进,生产长一寸,加强纪律性,革命无不胜。"这副题词至今仍陈列在西柏坡纪念馆,成为后人缅怀和纪念那段峥嵘革命岁月的重要历史标识。

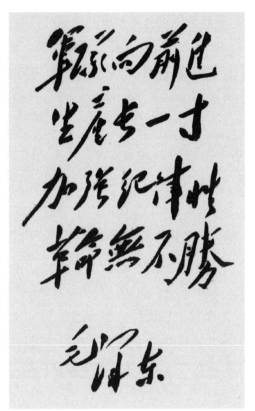

1948年12月,《中国青年》复刊时发表的毛泽东为《中国青年》的题词

"加强纪律性,革命无不胜",这个口号的前提,是人民军队凯歌向前,但它反映的,却是中国共产党及其领导的人民军队发展壮大的光辉历程。

1948年前后,解放战争进入新的战略进攻阶段。毛泽东在1947年底的中共中央扩大会议上发表了《目前形势和我们的任务》书面报告,提出:"中国人民的革命战争,现在已经达到了一个转折点。这即是中国人民解放军已经打退了美国走狗蒋介石的数百万反动军队的进攻,并使自己转入了进攻。""这是一个伟大的事变","这个事变一经发生,它就将必然地走向全国的胜利。"形势从老区到新区、从农村到城市、从局部到全局的发展，对党的集中统一领导和工作的正规化等提出了进一步的要求，而过去由于长期处于农村斗争环境以及被敌长期分割包围在一些地方形成的各行其是、各自为政的工作习惯已经不能适应新的形势发展的需要。

在此背景下，毛泽东1948年1月7日向全党发出《关于建立报告制度》的党内指示（即"子虞电"），由此开启了解放战争时期全面加强纪律建设的重要实践。

《关于建立报告制度》的指示，里面的规定清楚明白，其中有三点特别值得注意：

一是，必须由"一把手"直接报告。指示在重申各地依旧要作"临时性的报告和请示"的基础上，提出一项新的要求，即：各地党政军一把手每两个月向中央和中央主席作一次综合报告，内容侧重于政策性——汇报该地各项活动动态，各类问题、倾向及解决办法。

二是，充分认识"向中央作报告并请求指示的必要和重要性"。指示解释说：之所以规定这项制度，是因为七大以后，"仍然有一些（不是一切）中央局和分局的同志，不认识事前或事后向中央作报告并请求指示的必要和重要性，或仅仅作了一些技术性的报告和请示，以致中央不明了或者不充分明了他们重要的（不是次要的或技术性的）活动和政策的内容，因而发生了某些不可挽救的、或难以挽救的、或能够挽救但已受了损失的事情。而那些事前请示、事后报告的中央局或分局，则避免了或减少了这样的损失"。指示严肃提出：全党必须改正"对上级事前不请示、事后不报告的不良习惯"，各中央局和分局必须同中央"发生最密切的联系","当此革命已进入新的高潮时期,加强此种联系,极为必要"。

三是,明确综合报告的具体写法。指示对报告的具体写法作了明确规定:由书记负责(自己动手,不要秘书代劳);每次一千字左右为限;一次不能写完全部问题时,分两次写;一次着重写几个问题,对其余问题则不着重写;内容要扼要,文字要简练,要指出问题或争论之所在等。

报告制度的建立,顺应了新的阶段特点对党的工作提出的迫切要求,是解放战争时期以毛泽东为首的党中央作出的一项重大制度创新,为全党加强纪律性以进一步集中力量、团结一致夺取中国革命最终胜利奠定了关键的制度基础。

借批评东北局"无纪律思想",强调"目前工作之中心环节"

一项制度建立后,是不是有效,关键还要看执行的结果怎么样。

对于报告制度的落实执行,毛泽东不抓则已,一抓到底,以连续的、系统的、钉钉子的精神和做法确保这项制度在党内落地生根。而对于未按要求执行或者执行得不好的情况,毛泽东则抓住典型,督促其整改并坚决推进。批评东北局未按要求作综合报告,就是一个突出事例。

东北解放区是解放战争时期我党重点发展的一块根据地,各方面工作都走在全国前列,为解放事业做出了重要贡献。但是,当东北局未按要求作综合报告,毛泽东照样提出严厉批评。

1948年3月25日、8月9日，毛泽东连发两电催促东北局作报告，指出：中央规定的报告制度，各中央局、分局的负责同志"均已严格遵照实行，惟独东北局没有实行"，"三月，五月，七月三次报告均未做亦未声明理由。前已电催一次，你们亦承认应当作报告，但仍未实行，是何原因，究竟你们何时间开始作第一次综合性的报告，望复。"

8月15日，毛泽东第三次去电，对东北局8月13日复电中的"敷衍态度"提出严厉批评，并且质疑其中所提理由：东北局"常委各同志均极忙碌"，深陷具体事务，"故对各部门的工作难求得全部了解，对作全貌的报告遂感困难"。毛泽东拿关内和东北局作比较，指出"关内各中央局领导同志所处环境，均不如你们好"，"像大别山那样严重的环境，邓小平同志尚且按照规定向中央主席做了综合性报告"，"何以你们反不能做此项报告"。中央认为"主要理由并不是你们所说的一切，而是在这件事上，在你们心中存在着一种无纪律思想"。

在毛泽东的严厉批评督促下，林彪和东北局于8月15日和19日向中央先后提交了综合报告和有关检讨报告，深刻剖析发生错误原因在于"对于按期给中央作报告，没有提到政治的组织的原则高度去认识"，"没有完全自觉的意识到不按期向中央作报告，就是一种政治上的错误与组织上的违犯纪律的行为，这是主要的一方面"。"今后保证定期向中央作报告"，"与各种无纪律观念继续作斗争"。

8月22日，毛泽东复电东北局提出"你们这次检讨是有益的"，这样才能"取得主动"。在这份电报里，他首次提出：加强纪律性是"许多环节在目前时期的一个中心环节"，"这一问题的性质是如此重要,即只有解决这一问题,才能由小规模的地方性的游击战争过渡到大规模的全国性的正规战争,由局部胜利过渡到全国胜利"。

事情到此还未结束,毛泽东决定借批评东北局一事推动全党纪律落实更进一步。他随即起草指示向党内转发了和东北局的上述往来电报,要求关内各局"不能因为做几次综合报告,就不检讨这个长期在党内首先在各高级领导机关内存在着尚未解决仅在近来才开始认真解决的关系重大的问题",要求他们在"克服自己及自己属下的经验主义、游击主义、无纪律状态和无政府状态"方面,"依照东北局办法",在"一次至几次会议上加以认真检讨,实行自我批评,规定克服办法",开展反对"无政府无纪律状态"的党内斗争。

批评东北局一事立即在党内引起很大震动。当时在西柏坡准备参加政治局会议的邓小平在一份电报里就说:"毛主席几次谈到加强纪律性系目前工作之中心环节。此种精神,从最近中央对东北局的批评和几个电示可以看到。"对其他未严格执行报告制度的单位和个人,毛泽东和中共中央同样严加批评和督促,又经过中央政治局9月会议的总结和提升,加强纪律性的意识和有关规定在全党全军扎根深化。

决战决胜之际,"克服无政府、无纪律状态"

1948年9月8日至13日,中共中央政治局会议(也称"九月会议")在西柏坡召开。9月12日,也就是在九月会议召开期间,辽沈战役开始打响。这次会议是决战决胜之际,中共中央召开的一次重要会议，会议研究部署了解放战争夺取全胜的各方面工作，同时着重强调了全党加强纪律性和集中统一问题。

毛泽东在讲话中强调了全党加强纪律性的重要性："上面说了许多条，还必须有这一条，没有这一条，那许多条实行起来都不会顺畅。""中央同志要以全力来做这件事，要在战争的第三年内，在全党全军克服无政府、无纪律状态。"会议通过的基本决议再次强调"目前工作的中心一环是加强纪律性，克服党内某些严重地存在着的无纪律无政府状态"。

从1948年初子虞电开始，中共中央不断发出指示完善报告制度。3月25日发出《关于建立报告制度的补充指示》，拓宽了报告的范围，即各地"对于下级发出的一切有关政策及策略性质的指示及答复""须同时发给中央一份"；"下级向你们所作政策及策略性的报告，其内容重要者，亦须同时告知我们，文长者摘要电告或函告"；"每一个中央委员、中央候补委员均有单独向中央或中央主席随时反映情况及陈述意见的义务及权利"。6月5日又发出《关于宣传工作中请示与报告制度的规定》，强化了宣传纪律。

九月会议通过的《中共中央关于各中央局、分局、军区、军委分会及前委向中央请示报告制度的决议》，则更进一步以中央政治局会议决议的形式，全面强化了请示报告制度的落实执行，超越并涵盖了此前的综合报告制度。决议充分肯定了请示报告制度对于加强纪律性的重要支撑作用——执行请示报告制度就是为了"保证全党全军所执行的各种政策的完全统一及军事计划的完满实施，克服目前党内军内存在着的某些严重的无纪律状态或无政府状态"，同时对执行请示报告制度的具体内容和办法做出明确、细致的规定,并且明确划分了中央和地方在各重大及具体事项上的"决定权",在决战决胜之际系统梳理了全党各方面的工作权责,历史影响极其深远。

值得指出的是,九月会议还从民主集中制的角度审视了加强纪律性问题。任弼时在会上讲道:"加强纪律性绝不是减弱地方的积极性,而是去掉盲动的积极性,发扬有条理有系统的积极性";"强制应该是在民主基础上的";"党内缺乏基层组织生活,应加强组织部。基层组织生活不健全,就不能加强纪律性"。而毛泽东对"权力统一"于中央这一提法,特别加上"一切可能和必须统一的"的限制性定语,也反映出他的有关思考,即"统一"要尊重客观实际——"可能的",同时要保护地方主动性、积极性——"必须的",正如他在会上说的,"不是一切都统一,而是可能的又必要的就统一,可能而不必要的不统一,必要而不可能的也暂时不统一"。这一系列深入思考把党对加强纪律性的讨论带入加强民主集中制的更深的层面,九月会议后不久中央专门做出《关于健全党委制》决定就与此紧密相关。

加强纪律性,大大增进了全党在政治上的集中统一,对当时解放战争的决战决胜起到重要保障作用。蒋介石在反思自身力量失败的原因时,曾说过这样的话:国军"都养成自保自足的恶习,只看到带领的一部的利害,对于友军的危难、整个战局的成败,几乎漠不关心……纪律如此废弛、精神如此低落,要与凶顽狡猾的匪军作战,绝无幸免于消灭的道理"。败退台湾前夕,他在自己的日记里还写道:共产党的优点之一,就是"执行纪律、主义第一"。

蒋介石集团之败，是多方面原因造成的，其中根本原因在丧失民心，而要害的原因，正如他自己所说，关键在无纪律性、无精神气！

胜与败，关键看纪律！

（吕臻撰写）

卷二十一

"军民团结如一人，试看天下谁能敌"

"军民团结如一人，试看天下谁能敌。"出自毛泽东的《杂言诗·八连颂》。《八连颂》传颂的是"南京路上好八连"几十年"为人民"且"拒腐蚀，永不沾"等精神，但诗的意境最后落在"团结力"上。毛泽东用一首杂言诗，揭示了一个伟大的真理。

毛泽东说的有"团结力"的部队是怎么来的

1963年4月25日，国防部授予中国人民解放军上海警备团三营八连"南京路上好八连"的光荣称号。表彰他们从1949年5月起进驻上海市南京路后，发扬全心全意为人民服务和艰苦奋斗的光荣传统，身居闹市十四年，一尘不染、勤俭节约、克己奉公、热爱人民、助人为乐等事迹和精神。后来创作的话剧和电影《霓虹灯下的哨兵》的上映，使"南京路上好八连"的事迹在全国城乡广泛流传。

驻上海的"南京路上好八连"被命名的这天，毛泽东正在上海。命名的前一天晚上，毛泽东在上海会见印度尼西亚军事友好代表团成员，给他们介绍中国人民解放军取得胜利的经验。毛泽东说："主要一条经验是，要同群众结合起来。什么时候跟群众合作得好，我们就得到发展；什么时候脱离群众，我们就犯错误，就失败。"

与群众的团结合作、与人民的血肉联系，这就是毛泽东不断思考和始终关注的人民军队与人民群众的关系问题。

"好八连"，就是沿着这条路径走过来的。

"南京路上好八连"原来只是一个极为普通的连队：解放战争时期的1947年8月6日，在山东莱阳城西水头沟小园村，由华东军区特务团把招来的几十个胶东农民子弟兵编在一起，组成了该团的四大队辎重连。这个连边建边打，在战争中学习，在群众中学习，不断壮大。不久，连队改番号为华东军区警卫旅特务团一营一连。一路南下，到1949年6月，这个连进驻上海南京路，担任执勤任务，并被编为三营八连。

这个连在建设和发展中，始终将"全心全意为人民服务"的宗旨放在教育的核心位置，把毛泽东说的"两个务必"和"进京赶考"的告诫放在心上。进驻上海这个大世界以后，他们面临着极为复杂的考验。

可以说，全国解放之初，上海的南京路是最复杂的"考场"。这里是旧上海的一个缩影，素有"十里洋场"之称。这里酒绿灯红，歌柔舞艳，繁华喧闹中弥散着腐朽的诱惑，暗藏着一个个陷阱。八连战士们每天要面对的，不仅有上海社会自身存在的各种繁杂局面，而且有当时国民党溃退时布下的各种"棋局"。不甘心失败的反动残余势力，采取"腐蚀拉拢加破坏暗杀"各种办法来对付共产党和人民解放军，他们四处扬言：上海是个大染缸，你共产党、解放军"红"的进来，不出三个月，就要变成"黑"的出去。

八连的战士们，都是一些在穷苦中长大、从枪林弹雨中走来的年轻人，十分纯朴。据说，他们初进南京路时，许多人连自来水都不会用，有人守着抽水马桶还到处找厕所，甚至有人按一下电灯开关会被灯泡突然发出的光吓一跳。复杂的新情况和社会环境，严峻地考验着这些刚刚走进大城市的年轻战士们。时间一长，情况也悄悄发生了一些变化。有这样的记载：有的战士看到路边行人穿着那么时髦，男的女的手臂挽着进出舞厅、电影院，有点羡慕了；当一些妆扮妖艳、浑身喷着香水的女子向他们抛媚眼、丢手绢时，有的战士也禁不住朝她们瞟上几眼。

连队里也开始出现一些反常现象：有人一次花几块钱，到国际饭店去开"洋荤"；有的不惜花五角钱，到高级理发厅理发；有人不抽老烟叶子了，去买一块多钱一包的雪茄；个别战士花光津贴费还要借钱逛"大世界"。

这些情况很快反馈到连队领导班子那里。"支部建在连上"的组织制度发挥了重要作用。连队首任指导员张志成是个头脑十分清醒的干部，他立即召开党支部会议。他在会上指出：南京路是一个没有硝烟的战场，来到这里我们就没有退路了，我们要让全连保持高度的警觉性，绝不能吃败仗。

为此，连队在一段时间里，不断组织全连一遍又一遍地学习领会毛泽东在中国共产党七届二中全会上的报告："可能有这样一些共产党人，他们是不曾被拿枪的敌人征服过的，他们在这些敌人面前不愧英雄的称号；但是经不起人们用糖衣裹着的炮弹的攻击，他们在糖弹面前要打败仗。我们必须预防这种情况。夺取全国胜利，这只是万里长征走完了第一步。如果这一步也值得骄傲，那是比较渺小的，更值得骄傲的还在后头。在过了几十年之后来看中国人民民主革命的胜利，就会使人们感觉那好像只是一出长剧的一个短小的序幕。剧是必须从序幕开始的，但序幕还不是高潮。中国的革命是伟大的，但革命以后的路程更长，工作更伟大、更艰苦。这一点现在就必须向党内讲明白，务必使同志们继续地保持谦虚、谨慎、不骄、不躁的作风，务必使同志们继续地保持艰苦奋斗的作风。"

官兵们对毛泽东提出的"两个务必"的告诫，体会越来越深。他们不断加强自我认识、自我反省，牢记自己的历史使命。在日常生活中，自制针线包，衣服破了，缝缝补补再穿；用破布麻绳打草鞋穿在脚上，行走在南京路上；扛着铁锹，推着粪车，步行到十几里远的郊区开荒种菜；开展节约一粒米、一滴水、一度电、一块布等竞赛活动。日复一日，年复一年，八连锤炼出了"拒腐蚀，永不沾"的金刚之体，始终保持着艰苦奋斗的优良作风，始终保持着与人民群众的血肉联系。

到了"南京路上好八连"命名30周年的时候，当时的中央军委副主席刘华清受党中央委托，作过这样的结论："南京路上好八连"是在马列主义、毛泽东思想哺育下成长起来的、凝结着共产主义思想道德和中华民族传统美德的英雄群体，是毛泽东、邓小平等老一辈无产阶级革命家培育的一个先进典型。这个典型，几十年来对推进军队和社会的精神文明建设起了积极作用。在加快改革开放、发展社会主义市场经济的新形势下，大力弘扬"好八连"精神，对于加强思想政治工作，增强部队的凝聚力和战斗力，更好地肩负起我军保卫祖国、建设祖国的神圣使命，具有重要的意义。

"好八连"的成长和出名的历史，恰恰反映了我们人民军队发展壮大的印迹，也说明了人民军队与人民血肉相连、军民一家的不变本色，点明了人民军队无敌于天下的真正原因。

毛泽东的《八连颂》，歌颂的是一支从人民中走来、忠于人民事业、永不变质的威武强壮之师，也是在告诉人们这样一个伟大真理："军民团结如一人，试看天下谁能敌。"

从历史走来："军民合作，大家亲亲密密团结起来"

中国革命胜利的历史，可以说就是一部军民团结的历史。在毛泽东的诗词中，就有不少讴歌军民团结的名句：

百万工农齐踊跃，席卷江西直捣湘和鄂。

早已森严壁垒，更加众志成城。

唤起工农千百万，同心干。

红旗卷起农奴戟……

这些，展示了毛泽东对关于军队与人民在革命战争中团结奋斗的充分肯定。

军队与人民"众志成城""同心干"的故事，在各个历史时期都俯拾即是。习近平总书记在纪念红军长征胜利80周年大会上说到我军胜利的原因时，明确指出：红军打胜仗，人民是靠山。他还讲述了一个长征中感人至深的"半条被子"的故事。

他说:"一部红军长征史,就是一部反映军民鱼水情深的历史。在湖南汝城县沙洲村,3名女红军借宿徐解秀老人家中,临走时,把自己仅有的一床被子剪下一半给老人留下了。老人说,什么是共产党?共产党就是自己有一条被子,也要剪下半条给老百姓的人。同人民风雨同舟、血脉相通、生死与共,是中国共产党和红军取得长征胜利的根本保证,也是我们战胜一切困难和风险的根本保证。"

这个故事来自在纪念红军长征50周年时,徒步采访红军长征路的《经济日报》记者罗开富。

在抗日战争时期,毛泽东在《论持久战》中说道:

"军队须和民众打成一片,使军队在民众眼睛中看成是自己的军队,这个军队便无敌于天下,个把日本帝国主义是不够打的。"

西安事变爆发前夕,著名东北军将领张学良曾对蒋介石说:"共产党你是剿不完的,消灭不了的。因为共产党有老百姓的支持,我们没有老百姓支持。"

1940年1月16日,毛泽东在陕甘宁边区第二届农工展览会开幕典礼上说道:"八路军也就是老百姓,故军队不要忘本,本就是工农。""八路军有两条规矩,一条就是官兵合作,一条就是军民合作,大家亲亲密密团结起来,日本一定打倒的。"

1944年9月18日,中央办公厅在中央大礼堂举行招待八路军留守兵团全体模范学习代表及从敌后转战归来参加整训的各部队战斗英雄代表的大会。毛泽东在大会上说:

"我们的军队一向就有两条方针:第一对敌人要狠,要压倒它,要消灭它;第二对自己人,对人民、对同志、对官长、对部下要和,要团结。"

陈毅元帅曾深情地说:解放战争的胜利,是人民群众用小车推出来的!

有人曾经记述了,解放战争时期苏中战役期间,我军与人民群众的关系:

1946年6月23日,李先念开始中原突围的那一天,42岁的李默庵赴无锡接任国民党军第一绥靖区司令官一职。

苏中战役开始了。

海安外围防御战从7月30日打到8月3日。粟裕后来回忆道:"第七纵队从苏中地方武装上升主力不久,补充了大量的解放战士,所属四个团只有一个团打过大仗。但是四天多的战斗,他们只用了3000多兵力,英勇抗击了5万多敌人的轮番猛攻。"

国民党新编第九旅损失9000多人。李默庵很是心疼,更让他恼火的是,尽管自己派出大量便衣侦探四处搜集军情,但根本无法在当地百姓那里得到真实情报,致使自己对粟裕的3万人马在眼皮底下休整一无所知。

国民党新编第七旅副旅长田从云被俘后说:"老百姓躲开倒也罢了,遍地是民兵,分不清哪个是兵,哪个是民,到处打冷枪,到处抓我们的谍报人员,捉得一干二净,去一个捉一个,去两个捉一双。我们都成了睁眼瞎,哪能不打败仗。"

李默庵没有想到或是难以言表的是,国民党军队闯入解放区作战,必然会面临举步维艰的处境。苏中战役中,解放区民众提出了"保田保家",甚至"毁家纾难"的口号。在3万多人的华中野战军主力部队身后,直接参与战斗的解放区百姓达到14万人,支前民工人数更是高达50多万。整个苏中战役期间,始终有1万多条转运粮食、弹药、兵员和伤员的民船,跟随华中野战军穿梭于稠密的河网中。解放区百姓在战火中不惧生死,不少人和官兵一起倒在泥泞之中,倒在枪弹炮火之中。

侥幸从战场逃脱的国民党军新编第七旅旅长黄伯光,在给上级的报告中说:"地方民众,不问男女老幼,皆为匪之军民,到处袭杀国军","我国军处处受袭,人人被俘,除少数外,无一漏网"。

正是紧紧依靠人民,我们取得了长征的胜利,取得了抗日战争的胜利,取得了解放战争的胜利,建立了一个人民当家作主的新中国。

现实的召唤:军民团结是"我军的胜利法宝"

新中国成立后,毛泽东发出的"军民团结如一人""更加众志成城"等号召,让人民军队和人民一起渡过了无数个艰难险阻。20世纪60年代的经济困难,就是一例。

1959年至1961年,由于自然灾害和"大跃进"等"左"的错误,我国国民经济陷入严重困难的局面。

毛泽东和中共中央一边纠正"左"的错误,一边与人民同甘共苦并带领全国人民自力更生、艰苦奋斗、战胜困难。人民军队中也涌现出了雷锋、"南京路上好八连"等先进典型。

雷锋是一个热爱人民、全心全意为人民服务的楷模。"南京路上好八连"是艰苦奋斗、克服困难的模范集体。在他们身上,都体现着伟大的共产主义思想和中华民族坚强不屈的品质。同时,他们又是军队做好群众工作的模范。

1963年3月5日，毛泽东号召"向雷锋同志学习"。于是，一个反映广大军民愿望的学雷锋、树新风活动，从军营普及全国城乡。在军队中开展学雷锋活动，提高了全军指战员全心全意为人民服务的自觉性，助人为乐，替群众排忧解难，成为干部战士开展群众工作的好形式。

也就是在这一年，在国防部命名"南京路上好八连"几个月之后，我军迎来了创建36周年的日子。

建军节这天，1963年8月1日，毛泽东做了两件事。一件是白天为"好八连"写诗一首，一件是晚上观看解放军沈阳部队排演的话剧《雷锋》。

毛泽东满怀豪情地为一个英雄群体写诗赞颂，这在他一生中是唯一的一次。全诗如下：

八连颂

> 好八连，天下传。为什么？意志坚。为人民，几十年。拒腐蚀，永不沾。因此叫，好八连。解放军，要学习。全军民，要自立。不怕压，不怕迫。不怕刀，不怕戟。不怕鬼，不怕魅。不怕帝，不怕贼。奇儿女，如松柏。上参天，傲霜雪。纪律好，如坚壁。军事好，如霹雳。政治好，称第一。思想好，能分析。分析好，大有益。益在哪？团结力。军民团结如一人，试看天下谁能敌。

在《八连颂》中，毛泽东强调了人民军队的根本宗旨就是"为人民"。这就要求人民军队保持艰苦奋斗的优良传统，"拒腐蚀，永不沾"；要求人民军队发扬革命的大无畏精神，"不怕压，不怕迫。……不怕帝，不怕贼"；要求人民军队"纪律好，如坚壁。军事好，如霹雳。政治好，称第一。思想好，能分析"；要求人民军队永远和人民群众打成一片，"军民团结如一人，试看天下谁能敌"。

《八连颂》是毛泽东留下的极为少见的一首杂言诗，它行句通俗。相对那些讲究平仄对仗堪称"阳春白雪"的律诗而言，《八连颂》属于"下里巴人"之列。这首诗受到人们的热烈欢迎和广泛传诵，既体现了毛泽东在全党全国人民中享有崇高的威望，同时，也体现了《八连颂》所表达的精神追求符合军队和人民的实际。

《八连颂》中，最引人注目和最提振信心的，就是"军民团结如一人，试看天下谁能敌"这一名句。

1963年这一年，毛泽东为人民军队中一个模范个人题词，为一个模范集体写诗。历史注定1963年在人民共和国的历史上是不平凡的一年。这一年，毛泽东的心情是愉快的。一方面，我们完成了"调整、改革、巩固、提高"的八字方针，国民经济和社会发展走上健康发展的轨道，全国出现了欣欣向荣的景象。另一方面，在社会主义精神文明建设方面，也取得了丰硕成果。雷锋、"好八连"这两个典范的出现，立刻引起毛泽东的高度重视。毛泽东认为，在社会主义建设中，应该在全社会提倡和发扬他们的这种共产主义精神。

党和国家其他领导人也十分关注和积极推广"好八连"精神。

就在1963年期间，朱德、邓小平、陈云等党政军领导人也分别为"好八连"题了词。

5月30日，朱德为南京路上好八连题词："保持人民军队艰苦奋斗的光荣传统，学习南京路上好八连。"

6月，邓小平为南京路上好八连题词："一贯保持光荣传统的、保证走向共产主义的、集体的标兵——南京路上好八连万岁！"

6月17日，陈云为南京路上好八连题词："大家学习好八连的模范作风。"

周恩来也十分关心"好八连"。1963年4月12日，周恩来接见南京路上好八连前任指导员刘仁福，称赞八连继承和发扬了我党我军艰苦奋斗的光荣传统，在和平环境中养成了好的作风，使政治教育紧密结合实际。

总政治部主任罗荣桓非常关注发挥"好八连"在全社会的典型示范作用。1963年4月21日，他要求：号召民兵学习雷锋，学习"好八连"，加强社会主义教育，要提高他们的觉悟。4月29日，他写信给林英苏和罗东进："你们要很好学习雷锋和上海南京路的好八连。这已成为动员全社会的典型示范。"

中国人民解放军总政治部曾在这年的4月3日召开会议，听取南京路上好八连前任指导员刘仁福和时任指导员王经文的工作汇报。

总政治部副主任萧华上将在听完汇报后说：

我们人民军队要经得起两种考验。一种是战争的考验，三十多年的历史，证明我们是经得起这种考验的。另一种是和平环境下的考验，这种考验，看起来容易，其实，在某种程度上还困难一些。

八连保持了我党我军的光荣传统和劳动人民的本色，在南京路上树立了一面光辉的红旗。特别可贵的是,他们不是一时保持了这个传统,而是十四年如一日,人换了,作风传下来了,传开去了。

"在我们的部队里,雷锋和好八连的出现,都不是偶然的。归根到底,因为我们是共产党和毛主席领导的军队,是工人农民的军队。这样的军队是撼不动的。"

"好八连"的"劳动人民本色",也反映了我们整个人民军队的本色。就在"南京路上好八连"命名大会上,当时的中共中央华东局第一书记、中共上海市委第一书记、上海市市长柯庆施讲了这样一番话:"好八连的同志是从劳动人民中来的,是工农的子弟兵,他们同群众的关系,亲如手足。他们珍惜人民的财富,为了节约一粒米、一滴水、一度电、一分钱、一寸布,也想了许许多多办法。全连每人都有一个针线包,衣服破了自己动手修补。他们爱护公共财产,东西坏了,自己动手修理;他们热爱劳动,自己动手种植蔬菜;哪里需要支援,就到哪里参加义务劳动。他们尊敬老人,遇到年老体弱的,就主动帮助和关心他们。他们热爱下一代,遇到迷路的孩子,就想尽办法,把他们送回家去。……"

这番话,是对毛泽东关于军队和人民群众关系的深刻阐述。

"从劳动人民中来","是工农的子弟兵","同群众的关系亲如手足",这是对我们党领导的军队与人民关系准确的描述。

正是存在这样一种铁一般的关系,因此毛泽东在领导中国革命、建设和人民军队发展的实践中,亲自倡导开展了大规模的"拥军优属、拥政爱民"双拥运动,极大地激发了人民军队浴血奋战和人民群众拥军支前、拥军爱国的热情,使革命战争成为陷敌于灭顶之灾的汪洋大海，也使社会主义建设成为军队和老百姓共同奋斗的舞台。

在我国改革开放和社会主义现代化建设的新时期，在中国特色社会主义建设和中华民族伟大复兴的道路上，我们党、国家和军队进一步继承和发扬了拥军优属、拥政爱民的优良传统，军队和人民之间结成了更紧密的关系、拧成了更强大的"团结力"。正如2013年7月8日习近平总书记在中央军委专题民主生活会上所说的：

"军民团结如一人，试看天下谁能敌。"回顾我军走过的历程，我深深感到，坚持和贯彻党的群众路线，是我军的胜利法宝。

他要求我们的军队：新形势下，我们必须增强坚持党的群众路线的政治自觉、行动自觉。军队开展党的群众路线教育实践活动，必须标准更高、走在前列。

这是在我们党、国家和军队新的历史征程中，对"军民团结如一人，试看天下谁能敌"这句话的又一次新阐述。

"军民团结如一人，试看天下谁能敌"，这是一个颠扑不破的真理。在中国共产党的坚强领导下，亿万军民团结一心，前进道路上就没有克服不了的困难，就没有战胜不了的敌人，我们的事业就会无往而不胜。

（曹前发撰写）

卷二十二

毛泽东军事箴言：句句铿锵实用

毛泽东是伟大的马克思主义者，伟大的无产阶级革命家、战略家、理论家，是中国共产党、中国人民解放军和中华人民共和国的主要缔造者，中国各族人民的领袖，毛泽东思想的主要创立者。

在领导人民军队创建和发展的历史进程中，毛泽东从中国实际和军事斗争需要出发，创造了一系列经典的军事话语，字字堪称箴言，句句铿锵实用。

比如，"我们的原则是党指挥枪，而决不容许枪指挥党"——这句箴言，讲的是司令部与党委的关系、"个人领导与党的领导"的关系。在共产党领导的新型人民军队里，建军的总原则和核心就是党指挥枪，决不容许枪指挥党。不管你本事有多大，领导的队伍人数有多少，都必须听从党的指挥，不能与党组织对抗，更不能与党中央对抗、闹对立，要用无产阶级的党性和铁的纪律严格要求自己，自觉地维护党的团结和党中央的权威。

比如，"加强纪律性，革命无不胜"——这句箴言讲的是纪律建设对于党和军队的极端重要性。在人民军队的发展壮大过程中，铁的纪律要求、严格的规矩要求，始终是挺在前面的。在中国革命即将取得胜利的时候，毛泽东还特别提出通过建立报告制度，来促进党和军队的纪律建设，要求各地党政军一把手每两个月向中央和中央主席作一次综合报告，侧重讲政策性、策略性的各类问题、各种倾向及其解决办法。蒋介石当年在总结国民党失败的原因时，曾经深有感触地说过：共产党及其领导的军队的优点，"一、组织严密；二、纪律严厉……"

比如，"先打弱的，后打强的，你打你的，我打我的（各打各的）"——这句箴言讲的是军事战略指导的根本方略，是毛泽东创新的"战争指导艺术的最高境界"。毛泽东用兵，善于发现敌人的弱点，掌握战争的主动权，变被动应战为"完全主动作战"。他特别强调"有计划地造成敌人的错觉，给以不意的攻击，是造成优势和夺取主动的方法，而且是重要的方法"。在毛泽东的胸中，战争指挥，已经演变成一门"艺术"，一门高超的军事指挥艺术。

比如，"兵民是胜利之本"——这句箴言讲的是要取得战争胜利，必须动员全体中国人民，让所有兵和民都发挥自觉能动性。人民战争是我们的根本优势，是我们克敌制胜的法宝。没有政治上的动员，没有全体军民的主动参与，就不可能取得胜利。毛泽东坚信，人民是历史的创造者，真正的力量属于人民。"真正的铜墙铁壁是什么？是群众，是千百万真心实意地拥护革命的群众。这是真正的铜墙铁壁，什么力量也打不破的。"

比如，"在战略上要藐视敌人，在战术上要重视敌人"；"一切反动派都是纸老虎"——这两句箴言讲的是我们的战略眼光和战术准备。毛泽东认为，从人类历史发展的趋势看，反动势力必然日趋没落、进步力量必定逐渐上升并最终取代反动势力，新旧交替、进步取代没落，是不可抗拒的历史潮流。毛泽东特别强调:"从长远的观点看问题,真正强大的力量不是属于反动派,而是属于人民。"因此我军在战略上要取"以一当十"之气势,而在战术上要懂"以十当一"之道理。

比如,"没有一个人民的军队,便没有人民的一切";"全心全意为人民服务是人民军队的唯一宗旨";"军民团结如一人,试看天下谁能敌"——这些箴言,讲的是人民军队不是为着少数人或狭隘集团私利存在的,她是为着广大人民群众的利益,为着全民族的利益而存在、而战斗的。毛泽东讲清了我们这支军队与其他军队的根本区别,就在于她的力量来自于人民,一切从实际出发、密切联系群众,是她的独特优势,也是她战胜一切敌人的根本法宝。毛泽东告诫人们,任何时候,都要牢记"要全心全意为人民服务,不要半心半意或者三分之二的心三分之二的意为人民服务"。

翻开人民军队创建和发展的历史,毛泽东的军事箴言,比比皆是,有讲军队根本、军队宗旨、军队任务、军队纪律、军队素质、军队作风、军民关系、军队现代化的,有讲怎么打仗、战略战术、战争准备、人与武器关系、辩证战争观的,有讲反帝反霸反侵略、取胜之道、对待俘虏的,等等。这些说理深刻又通俗易懂的箴言,不是凭空臆想出来的,而是毛泽东和他的战友们从艰难困苦中探索出来的,是从血的教训中得出来的结论。

这些军事箴言,包括了人民军队的根本宗旨、根本原则、根本遵循,包括了人民军队的军事战略和战术,伴随着中国共产党领导下的人民军队从弱小走向强大,从单一兵种走向多军兵种合成部队转变,成为一个"强大的陆、海、空军""强大的国防军",并不断走向正规化、现代化。这些军事箴言,也成就了共产党领导下的新型军人的智慧果敢和血肉精神。许多军事箴言，已经凝结为人民军队的优良传统和不变军魂，至今仍在遵循。

仅从这些军事箴言中，我们就可以知道，在当今中国和世界，只要不带敌意和主观偏见，只要尊重历史的本来面目，那么对毛泽东的评价，就会得出客观公正和令人信服的结论。

同样是中国人民解放军缔造者之一的周恩来，是这样评述毛泽东的："毛主席创建人民军队方面的成就，他在军事上的战略战术，在政治上的《新民主主义论》《论联合政府》，在经济上的一些文章，在文化上的《在延安文艺座谈会上的讲话》，在哲学上的创造，他的马克思主义的思想体系等等，多得很。毛主席的成就不仅广，而且专，而且精。"周恩来以自己的亲身体会告诉人们："毛泽东是在中国的土壤中生长出来的巨大人物。"

同样是中国人民解放军缔造者之一的朱德，又是这样评述毛泽东的："中国人民解放军之所以能够从无到有、从小到大，成为现在装备精良、一往无前的军队，是和毛主席及党中央的直接领导，特别是和毛泽东军事思想的指导息息相关，密切不可分的。人民解放军的产生、发展、壮大及其全部斗争历史，也就是光辉的毛泽东军事科学思想生动的体现。""我们的军队所以组织得好、教育得好、指挥得好，并取得胜利，就是依靠了毛泽东军事思想的指导，一步一步地、一次一次地在战争中积累了丰富的经验，又从而加以锻炼、加以提高所得来的。"

作为军事统帅的邓小平曾这样评述毛泽东："要打仗，军事方针是什么？就是毛主席的十条军事原则。……凡是打得好的仗都是依靠了这十条，不依靠这十条，仗就一定不会打好。"新中国成立后，他还特别提出："继承毛泽东军事思想，研究现代条件下人民战争，发展我国军事科学。"

江泽民在建军七十周年的时候，对毛泽东的军事贡献作了这样的评述："毛泽东同志是我军的主要缔造者。他在领导中国革命斗争的过程中，提出了建设新型人民军队的一整套方针和原则。他开辟了以农村包围城市，最后夺取全国政权的武装斗争道路。他阐明了以人民军队为骨干，依靠人民、武装人民进行人民战争的思想。他制定了在敌强我弱的情况下，革命军队以劣势装备战胜优势装备之敌的一系列战略战术。新中国成立以后，他又及时提出加强国防建设，实现国防现代化的指导方针。毛泽东同志善于从马克思主义认识论的高度总结和概括中国革命战争的丰富经验，形成了光辉的军事辩证法思想。毛泽东军事思想，是毛泽东思想的重要组成部分，是我们党对马克思主义军事理论的创造性发展。"

胡锦涛在建军八十周年的时候，总结人民军队建军治军的历史经验时说："人民解放军培育和形成了优良革命传统。人民解放军的优良革命传统，集中起来就是听党指挥、服务人民、英勇善战。""听党指挥、服务人民、英勇善战，体现了人民解放军的性质、宗旨、本色，凝聚着党和人民对军队的重托和期望，是我们总结人民解放军八十年建军治军经验的基本结论。"这里面讲的，都是毛泽东为人民军队奠定的基础。因此胡锦涛特别强调："毛泽东军事思想，指引我们党正确解决了在半殖民地半封建的旧中国进行新民主主义革命的历史条件下建设无产阶级新型人民军队，实行人民战争，走以农村包围城市、最后夺取全国胜利的道路，以及取得全国政权后建立现代国防的重大课题。"

党的十八大以来，以习近平同志为核心的党中央在带领人民为实现中华民族伟大复兴中国梦而奋斗的历史进程中，在治党、治国、治军的伟大实践中，高度重视继承和发扬毛泽东思想及其军事思想。在毛泽东120周年诞辰的时候，习近平特别肯定了毛泽东作为"中国共产党、中国人民解放军、中华人民共和国的主要缔造者"的历史功勋，他专门提道："毛泽东同志创造性地解决了缔造一个在党的绝对领导下的人民武装力量的一系列重大问题，建成一支具有一往无前精神、能压倒一切敌人而决不被敌人所屈服的新型人民军队。"

毛泽东，无论作为伟大的政治家、理论家，还是战略家、军事家，还是作为中国人民解放军的伟大缔造者和伟大统帅，这些都是历史形成的，是在生与死的艰苦斗争中一步步走出来的，是在血与火的严酷考验中一次次练就的，也是中国共产党、中国人民及其人民军队审慎选择的结果。因此，无论对毛泽东的历史功绩、思想建树，还是对毛泽东的精神风范、个人形象，不是一些人凭借政治偏见或假借学术异说就能诋毁的，更不是一些人依靠造谣诬蔑或满嘴攻击谩骂就能削弱的。

历史经过长久沉淀，才显露出厚重；思想经过岁月风尘，才砥砺出力量。拨开历史的风云，我们看到的毛泽东，值得用心去长久品味和不断思索。既能品出其思想之厚重，亦能品出其道路之艰辛，还能品出其语言之精练实用。

梳理并细品毛泽东留给人民军队的大量经典实用的军事箴言，可以从一个侧面反映毛泽东思想的博大精深和毛泽东语言的独特魅力。这些军事箴言或军事名言，在当时引领了人民军队的精神世界和前进方向，在后来以至未来，仍然雄踞在人民军队的发展理念中，构成中国军队话语体系的基石。

毛泽东军事箴言，是军事理论和军事实践的凝结！

毛泽东军事箴言，是人民军队实战管用的武器！

毛泽东军事箴言，是我们党、军队、国家的宝贵财富；是我们民族精神家园中的瑰宝！

（杨明伟撰写）

第八编　情结流露

卷二十三

曾准备骑马考察黄河、长江全流程

毛泽东生前多次同人谈起，他有三个愿望：第一个是下放到基层搞一年工业，搞一年农业，搞半年商业。第二个是骑马沿黄河而上到其源头，再从长江源头顺流而下进行考察。第三个是最后写一部书，把一生的事情包括错误和缺点也写进去，并说能够三七开就很满足了。这三个愿望，由于各种原因，毛泽东都没有能够实现。但其中骑马考察黄河、长江全流程一事，却是曾经做过充分准备的，在就要出发的时候被意外之事中断了。从毛泽东提出和准备此事过程中的一些想法看，这是一次特殊形式的调查研究。

毛泽东准备骑马考察黄河、长江

毛泽东萌生骑马考察黄河、长江全流程的愿望，大体在1958年前后。这年1月，他在最高国务会议上的讲话中说："明朝那个江苏人，写《徐霞客游记》的，那个人没有官气，他跑了那么多路，找出了金沙江是长江的发源。'岷山导江'，这是经书上讲的，他说这是错误的，他说是'金沙江导江'。同时，我看《水经注》作者（郦道元——引者注）也是一位了不起的人，他不到处跑怎么能够写得那么好？"谈话中对徐霞客、郦道元因为"到处跑路"才有所发现和创见称道有加，向往之意也有所表露。

据目前所看到的档案材料，毛泽东第一次提出骑马考察黄河、长江，是1959年。这年4月5日，毛泽东在上海召开的中共八届七中全会上说："如有可能，我就游黄河、游长江，从黄河口子沿河而上，搞一班人，地质学家、生物学家、文学家，只准骑马，不准坐卡车，更不准坐火车，一天走60里，骑马30里，走路30里，骑骑走走，一直往昆仑山去，然后到猪八戒去过的那个通天河，翻过长江上游，然后沿江而下，从金沙江到崇明岛。我有这个志向，我现在开这个支票，但是哪一年兑现不晓得，我想搞这个事。国际国内的形势，我还可以搞，带个电台。开会还是可以搞，比如，从黄河入海口走到郑州，走了一个半月，要开会了，我就开会，或者郑州，或者武昌，或者长沙，或者上海，或者秦皇岛。开了会，我又从郑州出发。搞它四五年，就可以完成任务。我很想学明朝的徐霞客。"接着，又讲了一遍徐霞客"一辈子就是走路"的事迹，称他是"地理学家"，还向与会者推荐《徐霞客游记》。

毛泽东之所以在这次中央全会上正式提出骑马考察两河，是因为1958年12月的八届六中全会同意了他提出的不再做下一届国家主席的建议，而第二届全国人民代表大会也将在半个月后召开，他觉得自己马上就可以摆脱繁忙的国务活动，会有比较充裕的时间去调查研究了。从1956年提出不再担任下一届国家主席后，毛泽东便多次谈过从一线退下来后的一些打算。他在1957年5月曾明确表示："让我暂时摆脱此任务，以便集中精力研究一些重要问题（例如在最高国务会议上，以中共主席或政治局

卷二十三　曾准备骑马考察黄河、长江全流程　241

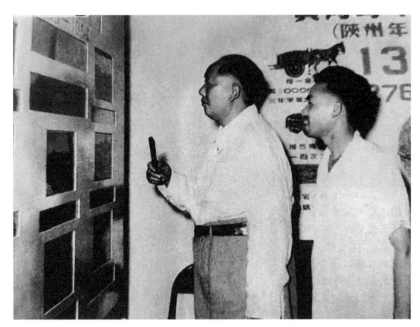

1955年4月17日，毛泽东参观治理黄河展览

委员资格，在必要时，我仍可以做主题报告）。这样，比较做主席对国家利益更大。现在杂事太多，极端妨碍研究问题。"考察黄河、长江全流程，大体便属于毛泽东想要调查研究的"重要问题"。在1959年4月中央全会上的这番陈述，显然也是仔细思考过的，包括考察的路线和方式，请什么人随行，完成计划所需要的时间，都有具体设想。而且设想的这种考察，并不是甩掉一切工作，而是把日常工作和调查研究结合起来，比如可以在途中出席中央的会议等。

此后，毛泽东又多次提到这个愿望。例如，1960年3月22日，他在济南同山东省委和济南军区负责人舒同、杨得志等谈工作时，就说道："我想骑马沿着两条河考察，一条黄河，一条长江。这个想法至今未能实现。你们赞成不？不一定一年走完，做调查研究。你们如赞成，帮我准备一匹马。沿黄河走完大概要两年，我还可以调查一点地质。"1961年3月23日，毛泽东在广州召开的中央工作会议上的讲话中，谈到必须亲自下去搞调查研究时又说："在下一次会议或者什么时候，我要作点典型调查，才能交账。我想恢复骑马的制度，不坐火车，不坐汽车，想跑两条江。从黄河的河口，沿河而上，到它的发源地，然后跨过山去，到扬子江的发源地，顺流而下。不要多少时间，有三年的时间就可以横过去，顶多五年计划，走完这两条江，一个顺河而上，一个顺流而下。"

此外，毛泽东在私下里同身边工作人员也多次议论过此事。1962年4月，多年担任毛泽东机要秘书的高智调去陕西工作，毛泽东嘱他"先打个前站"，了解一下情况，自己随后就去。这年夏天，他对护士长吴旭君说：1952年我去考察黄河，只走马观花地看了看，没干成什么事，一晃十年过去了。高智去西安工作时，我让他沿途做些调查研究，告诉他我要骑马去，沿黄河走一趟。现在还没有顾上。

为了帮助毛泽东实现这个愿望，中央警卫局特意在北京西山一带，组建了一支护卫他考察的骑兵队，着手训练。1964年夏天，在北戴河开会和办公期间，毛泽东让身边工作人员做些准备，说：去黄河的事可以如愿了，事情不那么忙了，再不搞，就来不及了。这次去黄河，带一个智囊团去，包括搞地理的、历史的、文学的、水电的专家，他们是大有用武之地的。大家都骑马，准备一些应付艰苦生活的东西，去找黄河的源头，把这条河从头了解起。毛泽东还查阅了大量有关资料，并让当时担任中央办公厅副主任的汪东兴，把骑兵队的部分人马从北京调到了北戴河，催

1952年10月，毛泽东视察黄河

促准备随他考察的工作人员练习骑马。这年71岁的毛泽东，在北戴河的运动就是两项：游泳和骑马。身边工作人员还抓拍了一张他骑在马上、手提缰绳行走的照片。从照片上看，为他准备的坐骑是一匹不算高大的白马，这张照片前些年还挂在北戴河毛泽东住过的房子里。

事发突然，计划搁浅

所有的准备工作都在有条不紊地进行，打前站的同志已经出发，并定下了出发日期。但是，天有不测风云。1964年8月5日，突然发生了"北部湾事件"：美国扩大印支战争，连续轰炸越南北方，还调集大批舰艇，云集在越南北方沿海一带。如果越南北

1964年，毛泽东在北戴河为预备考察黄河骑马

方遭受攻击以至于被占领，中国自然受到威胁。于是，抗美援越势在必行。6日早晨，毛泽东在审阅谴责美国侵犯越南民主共和国的《中华人民共和国政府声明》稿时，写下一个批示："要打仗了，我的行动得重新考虑。"这里说的"我的行动"，即是指骑马考察两河之事。据身边工作人员回忆，毛泽东取消考察计划时，也是明确告诉他们："黄河这次去不成了，要打仗了。"

此后，骑马考察两河的计划一直没有机会实施。但毛泽东并没有放弃这个想法。他对身边的工作人员说：以后我还是要去的。那次没去成，太可惜了。一个人要办成一件事并不容易。1965年1月13日，毛泽东同从陕西来北京出差的高智谈话时，还专门问了从西安到郑州铁路沿线的路况，有多少涵洞，最长的涵洞有多长，哪段路好走，哪段路不好走。然后说：我还要沿黄河走一趟。1972年初，毛泽东大病一场，在身体刚有所康复时，曾风趣地对护士长吴旭君说：前些时候我到马克思、列宁那里走了一趟，他俩说，你那个国家的钢铁、粮食还太少，再说你还要去黄河，你就用不着那么早来啦，你先回去吧。看来我的诚心感动了马克思和列宁，去黄河还是有希望的。事实上，这时的毛泽东已近80岁，无论是身体，还是形势，以及关注的重点问题的转移，都使他不可能去考察黄河、长江了。不用说骑马，哪怕是坐汽车、火车去，也不可能了。

毛泽东提出考察两河流域的原因和目的

其中原因，至少可以从三个方面看：

一是在决策三峡工程和酝酿南水北调这两大战略规划过程中，形成了亲自骑马考察两河的想法。

新中国成立后，毛泽东始终关心着综合治理和开发利用黄河、长江这两大水系的问题。从1952年到1958年，他先后四次视察黄河，两次乘船考察长江。在对两河的这几次短暂考察中，毛泽东着重研究的实际上是两个战略性的构想：三峡工程和南水北调。这显然属于他准备退出一线后想要研究的"重要问题"。从1952年到1958年，毛泽东多次分别同黄河和长江两个水利委员会主任王化云、林一山谈话。他向王化云了解从长江上游通天河引水到黄河的调查情况，同林一山商量南水北调的线路，还在地图上用铅笔先后指着长江上游的白龙江、嘉陵江干流的西汉水以及汉江等处问行不行？要求林一山"立即开始查勘，一有资料，就给我写信"。1958年1月和3月在南宁、成都召开的两次中央工作会议，重要内容就是讨论三峡工程的问题，并在成都会议上形成了《中共中央关于三峡水利枢纽和长江流域规划的意见》。其中既包括三峡工程的规划，也体现了南水北调的设想。毛泽东在这次会议上的讲话中就说道："打开通天河、白龙江与洮河，借长江济黄，丹江口引汉济黄，引黄济卫，同北京连起来。"这里所讲的就是今天拟议中的南水北调的西线和确定下来的中线。

提出修建三峡工程和南水北调，反映了毛泽东作为战略家的远见。在当时的条件下，这些构想是否可行，自然要靠科学依据，要经过充分调查。就像《中共中央关于三峡水利枢纽和长江流域规划的意见》说的那样，从长远的经济发展和技术条件考虑，三峡水利枢纽是需要修建和可能修建的，"但是最后下决心确定修建及何时修建，要待各个重要方面的准备工作基本完成之后，才能作出决定"。而实现南水北调的设想，就更需要长远的充分准备了。但长远准备，不等于只是等待，总要有所作为。怎样才能有所作为呢？毛泽东讲过几次，说他在北京待久了，脑子里面就空了，一走出去，就有了东西。这当然是极而言之论，却反映了他的一个鲜明主张：一定要走出去，到实践中，到实地去，才能有所发现。在这种情况下提出骑马考察黄河、长江，实属情理之中，其目的也显而易见，就是为了调查两河上游的地质和水利资源。在毛泽东看来，在一些事关全局的重大决策过程中，前人的考察代替不了后人的考察，别人的考察也代替不了自己的考察。

二是考察计划的重点是两河的源头和上游，主要目的是为了开发和建设西部地区。

按毛泽东的设想，考察的重点是两河的源头和上游，那里是祖国广袤的西部。两河上游既是综合治理和开发利用两河的关键,也是开发和建设整个西部的关键。1953年,当王化云对毛泽东说可以从长江上游通天河引100亿立方米的水到黄河时,毛泽东的回答是:"为了开发西北资源,100亿立方水太少了。"可见,他一开始就是把两河资源同开发西部联系在一起思考的。林一山认为,毛泽东之所以重视南水北调,"他的主要目的是开发北方,开发西部。我还听说,毛主席对周总理说:我们除了考虑国家内政外交的大政方针外,还要亲自掌握像南水北调、大三峡和铁路通拉萨这样几个重大问题。西部问题基本上是一个民族团结的问题。民族团结是投资花大钱都买不到的。"

毛泽东1964年8月准备实施他的考察计划,不是偶然的,在某种程度上也是同西南和西北的三线建设有关。在此之前的5月中旬到6月中旬,中央工作会议讨论了第三个五年计划。毛泽东在5月27日同刘少奇、周恩来、邓小平等中央主要领导人谈话中提出:前一个时期,我们忽视利用原来的沿海基地,后来经过提醒,我们注意了,最近几年,我们又忽视屁股和后方了。"三五"计划要考虑解决全国工业布局不平衡的问题,要搞一、二、三线的战略布局,加强三线建设,防备敌人的入侵。谈话中甚至说:可以到成都、西昌开会,西昌不通汽车,我就骑着毛驴下西康。搞攀枝花(钢铁基地)没有钱,我把工资拿出来。他强调的"后方"即是指西部,所说的"屁股"就是基础工业。所谓"三线建设",就是在大西南和大西北两大块地区进行国防和工业基础的建设。这两大块地区里也就是长江和黄河的上游流域。毛泽东的这个建议引起其他中央领导同志的普遍共鸣,决定第三个五年计划在解决人民的吃穿用的同时,迅速进行三线建设,由此解决全国工业布局不平衡问题。一个多月后,毛泽东即准备出行考察黄

1952年10月31日，毛泽东在河南郑州邙山小顶山凝望黄河

河、长江，走到上游，显然与这个战略性的决策有关。

据吴旭君回忆，从20世纪50年代到70年代初，毛泽东至少有九次同她谈起黄河。其中，她记得的话有："你们可以藐视一切，但是不能藐视黄河。""我是个到了黄河也不死心的人。""这条河与我共过患难。""每次看黄河回来心里就不好受。""我们欠了黄河的情。"如果毛泽东的两河考察之行能够实现，新中国成立后他没能去过的西部省份，如山西、陕西、内蒙古、宁夏、甘肃、青海、云南、贵州等，便都能走到了，这无疑将有助于他进一步思考开发和建设西部的问题。

三是考察若能成行，这将是在空间上把黄河流域和长江流域结合起来，在内容上把自然和社会、历史和现实结合起来，准备对国情进行的一次综合性大考察。

毛泽东一向认为，地理知识从来不限于学校地理课讲的地质形貌和资源分布这些内容。他在青年时代的一封信中就提出："地理者，空间之问题也，历史及百科，莫不根此"；"地理，采通识之最多者也"。所谓"通识",包括教育、风俗、政治、军事、产业、交通、宗教等,"无一不在地理范围之内"。关于两河的考察,毛泽东反复强调要请各方面的专家一同前往,包括搞地质的、生物的、水电的、历史的和文学的等,在他的设想中,这无疑将是一次采集诸多"通识"的综合性考察,即在内容上把自然和社会、历史和现实结合起来的考察。如果两河考察能够成行,带上各方面的专家,沿途又向当地的干部群众了解情况,将会是收获多多、名副其实的国情大考察。

黄河和长江流域是中华民族的发祥地,古往今来,中华文明的发源和发展,就是沿着两河流域展开的,所以人们称它们为"母亲河"。说起来也还有一个并非偶然的情况,作为诗人的毛泽东,对这两条河的吟唱和赞美恰恰分别成为他在革命和建设年代的代表作。他的千古绝唱《沁园春·雪》,就是1936年率红军从陕北渡黄河东征时写出来的,他的《水调歌头·游泳》则是1956年在长江游泳时写出来的。两河流域,事实上包括了中国的南方和北方,东部、中部和西部,在地理资源、民俗文化、经济产业、边疆民族等方面,展示着中华民族的历史和现状。在毛泽东看来,全程考察两河流域的情况,特别是在进入全面开展社会主义建设的时期以后,对典型而又集中体现国情的两河流域亲自做一个比较全面的了解,这对于提出一些战略性的国家经济和社会发展构想无疑会很重要。

(陈晋撰写)

卷二十四

"希望在不太老之前,到密西西比河中畅游一番"

游泳,是毛泽东的一种特殊爱好。他特别喜欢到大江大河中去游泳。中国几条著名的大江,长江、湘江、珠江、邕江、钱塘江,他都游过了;黄河曾想游而没有游成;他还表达过想到边疆或高山的湖泊里去游泳的愿望,比如,他曾风趣地对赛福鼎说过:"我还想去王母娘娘洗过脚的天池洗个澡呢!"不仅如此,毛泽东还多次谈到想去国外的大河里游泳!

一生都有游泳情结

1959年9月20日,毛泽东到山东济南泺口视察黄河大堤。那天,毛泽东兴致很高,谈话中突然提出要横渡黄河,说:"全国的大江大河我都渡了,还没有渡黄河,我明年夏天到济南来横渡黄河。"陪同人员说,黄河的漩涡很大泥沙很多。他说:有一点泥沙怕什么?上来冲一冲就没有了。漩涡也不可怕,你们可以事先勘查一下嘛。"就这样定了,我明年七月下旬八月上旬来,你们先找人作点准备。"后因各种原因未能如愿。

从青少年时期起,毛泽东便游泳不断。新中国成立后,尽管党务国务繁忙,但只要条件允许,他都会下水游泳。直到1974

年，已经81岁高龄的他，走路都要由人搀扶，但一下到游泳池，就又恢复了那种自如的体态，完全看不出已是重病缠身之人。少年时期的毛泽东，学会游泳是在河里，新中国成立后，他更喜欢在海里游泳，更喜欢有狂风巨浪的天气。与大自然挑战，对他来说是一种更惬意的体验。

多次提及想到密西西比河去游泳

除了特别喜欢在中国的大江大河大海中游泳，毛泽东还曾设想到国外的密西西比河去游泳。

密西西比河，位于北美洲中南部，全长6020千米，是世界第四长河，其长度仅次于非洲的尼罗河、南美洲的亚马孙河、中国的长江，是整个北美大陆的第一长河，也是北美洲流程最长、流域面积最广、水量最大的河流。

20世纪50年代末，新中国面临着极其严峻复杂的国内外形势。苏联以撤走专家、逼还债务压迫中国；美国对中国实行孤立封锁打压政策；印度不断在两国边界挑起事端；毛泽东倡导的"大跃进"受到严重挫折，偏偏又遭遇罕见的自然灾害；蒋介石集团叫嚣反攻大陆，多次派遣小股武装骚扰东南沿海地区……

1959年4月，为集中精力思考和研究一些党和国家发展的宏观战略问题和重大理论问题，毛泽东在第二届全国人大一次会议上辞去了国家主席职务，引发西方报纸和电台的种种议论和胡乱猜疑。

在此背景下，1959年、1960年、1961年，毛泽东连续三年在与外国人的谈话中，都提及自己想到密西西比河去游泳。在那个

1959年3月13日,毛泽东和美国著名学者杜波伊斯在武汉东湖畅谈

冷战时代,一个东方大国的领袖前往一个西方大国,不谈任何政治,专事游泳,这其中隐含着怎样一种情结呢?

"你们美国有一条密西西比河,我能去游吗?"

1959年3月13日,毛泽东在武昌东湖客舍会见美国著名黑人学者、世界和平理事会理事杜波伊斯博士和夫人以及美国作家安娜·路易斯·斯特朗。这天上午,毛泽东走到门口迎接杜波伊斯夫妇和老朋友斯特朗,说欢迎你们。

安娜·路易斯·斯特朗:我们都听说主席游过长江,最近主席又游了吗?

毛泽东:每年一次,从6月到9月,可以游长江。我游过好几条江,除长江以外,游过广州附近的珠江,浙江的钱塘江,湖南的湘江。还有几条江,也准备要游,黄河、松花江、黑龙江。

你们美国有一条密西西比河，我能去游吗？你们三个人反对吗？

杜波伊斯等：我们不反对。

杜波伊斯夫人：如果能盼到那一天，真太好了。

毛泽东：你们三个人不反对，另外三个人会反对的，那就是杜勒斯（时任美国国务卿）、尼克松（时任美国副总统）、艾森豪威尔（时任美国总统）。

杜波伊斯夫人：他们也没法反对。

毛泽东：如果他们不反对，我可以马上发电报，一两天以后就动身。我去只是游密西西比河，不谈政治，谈政治就会吵架。你们回去以后，可以推荐一下，说我去了决不谈政治。

杜波伊斯夫人：主席只要去游了密西西比河，就再没有必要谈政治了。

毛泽东：我只是以游客身份去游密西西比河。我也可以参观艾森豪威尔打高尔夫球，还可以到医院去看杜勒斯。到医院去看杜勒斯的病，还不好？我们希望他恢复健康，继续当国务卿。他当国务卿，对我们有利，对美国人民有利，对全世界人民有利，这是我常说的。

"我们不谈任何政治，只在密西西比河游泳。"

1960年6月28日，在排除美国当局设置的重重障碍后，毛泽东的老朋友斯诺应邀来到已"换了人间"的新中国访问。与1936年他以记者身份访问延安不同，这次他是作为作家和历史学家来的。为了使自己的见解不受任何因素左右，斯诺坚持自费访问观光，并在中国游历了4个多月。

1960年10月22日，毛泽东在中南海颐年堂会见斯诺并与其共进晚餐。

毛泽东问：你是哪一年离开延安的？

斯诺答：1939年。

毛泽东说：一隔就是21年。

他们畅谈了"这些年来发生的事——也谈到了还没有发生的一些事"。在饭桌上，斯诺告诉毛泽东，外边时常有报道说他"猝然去世"。听了这话，毛泽东哈哈大笑，显然对这种传说不屑一顾。他对斯诺说，多年来，他一直没有患过严重疾病，"经常保持现状"。不过，他已经不能再骑马或作长途步行了，只是以游泳进行身体锻炼。

说到游泳，斯诺已经知道毛泽东在长江中游泳的事。他对毛泽东说：

"记得那时掀起了一场群众性的游泳运动，由于参加渡江游泳的人很多，以至于外界又传起了中国准备攻打台湾。"

"那个报道也太夸大了嘛，我们也没落后到要用游泳的力量去解放台湾。外国的舆论也真是不可信。"

斯诺见机补充道："1936年在保安的时候，你曾告诉我说渴望到美国一游，看看大峡谷和黄石公园。现在还有这个兴趣吗？"

"我仍希望在不太老之前，到密西西比河和波达麦河中畅游一番。但这是一厢情愿。我想你不反对，华盛顿可能会反对。"

毛泽东边说边做了个表示拒绝的手势。

"如果他们同意呢？"

"如果那样的话，我可以在几天之后就走，完全像一个游泳者。我们不谈任何政治，只在密西西比河游泳"，"在河口而已"，他附加一句，那里有50英里宽呢。

1960年10月22日，毛泽东在中南海颐年堂会见美国著名记者、中国人民的老朋友斯诺（右三）

亲笔书写一幅《水调歌头·游泳》赠蒙哥马利

1961年9月24日下午，毛泽东在武昌东湖客舍会见蒙哥马利时，又对这位英国人提及密西西比河。

蒙哥马利，英国陆军元帅。第二次世界大战期间盟军指挥官之一，指挥过北非战役，参加过诺曼底登陆战役。后曾任英军总参谋长、北大西洋公约组织盟军最高副总司令。年长毛泽东6岁。这时他虽已退休，但在英国，在世界许多国家的政界和军界仍有影响。此前，1960年5月，蒙哥马利曾来中国访问。为了与其会见，毛泽东专程从杭州到上海，同他进行了长时间的友好而无拘束的谈话。那次会见，给蒙哥马利留下了深刻印象。

回国后，蒙哥马利在英国《星期日泰晤士报》上发表了一篇访华观感，题为《我同毛的会谈》。他说他30年前到过中国，那

1960年5月27日，毛泽东在上海会见英国蒙哥马利元帅

时的旧中国正受着外来侵略和内部封建主义的双重压迫，革命看来是不可避免的，它的领导人便是毛泽东。毛泽东是一个十分有吸引力的人，非常有才智，处理问题很讲实际，对西方世界情况的了解是惊人的，对一些政界领袖的评论非常准确。毛泽东的基本哲学非常简单，就是人民起决定作用，因此要求干部每年下基层一个月，保持和人民的联系，赢得人民的信任。毛泽东建设了一个统一的、人人献身和有目的感的国家。

1961年9月23日蒙哥马利第二次来中国访问，这次访问是他本人向毛泽东提出的要求，毛泽东表示"非常欢迎他在适当的时候访问中国"。

在这次会见中，毛泽东称赞这位前英国元帅说："我看得出你很开明。"这是毛泽东对这位西方将领的一种独特的夸奖。由于毛泽东要回北京参加国庆活动，所以这次谈话时间不是很长。谈话结束时，蒙哥马利对毛泽东说：今天谈话非常有趣，我能否明晚再回来谈谈。毛泽东说，明晚我到别处去了。

蒙哥马利为请求不能如愿，不免感到有点遗憾。可是，第二天凌晨4时，毛泽东突然改变行程，决定继续同蒙哥马利会谈。

9月24日下午，蒙哥马利再次来到毛泽东的住处，两人开始更为深入的谈话。毛泽东对他的观点很感兴趣。蒙哥马利也确实是一个开明的人，他曾很肯定地说过："在一定年限内，中国将成为拥有超过十亿人口的巨大力量的强大国家。"

谈话结束后，毛泽东和蒙哥马利来到长江码头。毛泽东邀蒙哥马利一起游长江，蒙哥马利说他不奉陪了，坐在船上观看。在毛泽东游长江上岸后，游泳便成为宾主之间的一个话题。

蒙哥马利问："主席为什么不在游泳池里游？"

毛泽东说："哪里能修那么多游泳池，要利用江水河水，长江就等于几万个游泳池。多游几次胆子就放大了。"

然后毛泽东又问蒙哥马利，英吉利海峡有多少公里宽？水有没有长江这么急？

毛泽东还说，密西西比河是世界第一大河（实际上是北美洲第一大河——编者注），想去游一次，还有亚马孙河，不过恐怕不好游，太热。

毛泽东还亲自送蒙哥马利回到下榻的胜利饭店，并将亲笔书写的一幅《水调歌头·游泳》赠蒙哥马利，说：送给你个人，希望不要发表。

想到密西西比河游泳透出的信息

从毛泽东连续三年在与外国人的谈话中都提及密西西比河，

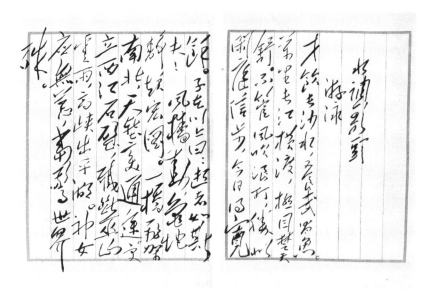

《水调歌头·游泳》手迹（1956年6月）

给我们透出一些重要的信息。

其一，以自己独有的方式傲视对手的攻击。

面对20世纪50年代末世界上掀起的反华浪潮，毛泽东说：全世界反动派"咒骂我们，狗血喷头。照我看，好得很。六亿五千万伟大人民的伟大事业，而不被帝国主义及其在各国的走狗大骂而特骂，那就是不可理解的了。他们越骂得凶，我就越高兴。让他们骂上半个世纪吧！那时再看，究竟谁败谁胜？"，"全世界极为光明。乌云越厚，光明越多"。

当杜波伊斯问："为什么中国人不那么害怕战争？"毛泽东回答："如果帝国主义一定要发动战争，你害怕有什么用呢？你怕也好，不怕也好，战争反正到来，你越是害怕，战争也许还会来得早一些。因此，我们有两条：第一条，坚决反对战争；第二条，如果帝国主义一定要打仗，我们就同它打。把问题这样想透了，就不害怕了。"

斯诺在同毛泽东的谈话中提出：有些美国人害怕中国一旦有了原子弹，就会马上不负责任地使用它。毛泽东说：不会的。原子弹哪里能乱甩呢？如果我们有，也不能乱甩，乱甩就要犯罪。不管美国承认不承认我们，不管我们进不进联合国，世界和平的责任我们是要担负的。我们不会因为不进联合国就无法无天，像孙悟空大闹天宫那样。我们要维持世界和平，不要打世界大战，我们主张国与国之间不要用战争来解决问题。但是，维持世界和平不但中国有责任，美国也有责任。

其二，借外国人的口把中国的真实情况讲出去。

斯诺那次来中国，和毛泽东谈了9个小时。但他被告知，不得发表谈话的全文，只可引用一些，所以他们谈话的全部内容不得而知，但从谈话时间上来看，谈得一定很多、很丰富。斯诺离开中国时，他的行李包括了近50万字的采访笔记，4000尺电影胶片和近50卷已拍摄的胶卷。归来之后，斯诺不掩过，不饰非，将这次新中国之行的所见所闻及感想感受，写成一本可以与《西行漫记》齐名的《今日红色中国》一书，在出版前改名为《大河彼岸》。

《大河彼岸》除引用性地报道了斯诺与毛泽东、周恩来等人会谈外，还用大量笔墨报道了新中国的巨大变化。1962年11月该书出版后，在美国引起不小的轰动。《美国政治和社会科学院年刊》称该书为斯诺的第二本杰作，"毫无疑问，不管是专家或一般读者，只要希望了解中国大陆，这书是必读之物"。

蒙哥马利在第一次访问中国回国后，曾在一次宴会上发表演讲。他说，他所见到的中国领袖都是有学问的，并且是很有智慧的。西方所说的中国领袖对世界了解很少,是不正确的。他介绍所有出席宴会的人都去读毛泽东有关战争的著作。

他在《我同毛的会谈》一文中还说,中国需要和平,从事长期而艰巨的建设,因此不会对外侵略,也不试图迫使其他国家接受它的共产主义思想。中国军队给他印象"太深刻",有"充分的质量高的人员供应",民兵组织遍及全国,因此若入侵中国"要大倒其霉"。

毛泽东说过,让外国人对外国人去讲,这种做法,有时说服力比我们自己在那里吹作用还大。

其三,告诉外国人中国文化的博大精深。

尽管毛泽东自己多次说要去美国游泳,但实际上,就是一些中国人在当时也没能领会毛泽东话中的深层含义。1993年,曾任毛泽东保健护士长的吴旭君在纪念毛泽东100周年诞辰的文章中回忆毛泽东接见杜波伊斯夫妇和斯特朗:

"交谈后送走他们,主席的兴致很好,当时天气又晴,我就提议出去散散步。他欣然同意。

"从住地走过一片梅林,顺小径转向东湖边,他突然问我:

"'你敢到密西西比河里游泳吗?'

"我被这个突如其来的问题弄得莫名其妙。我没有直接回答,而是说:'那是条闻名的大河,在美国。您怎么想去?'

"主席兴致勃勃地说:'我刚才告诉了外国朋友,我想去密西西比河游泳,尤其是到宽大的河口附近游泳会更有意思。'

"'那好啊,我也跟您去。'"

吴旭君说她当时傻乎乎的,想不到主席这句话有深刻的政治含义。实质上,他是在向大洋彼岸发出一个信号,我们应该改善彼此间的国家关系了，这对我们都有好处。但毛泽东这种东方式的、隐晦而精于谋略的信息一直没有受到外国人尤其是美国人的重视。

基辛格曾在其回忆录中这样写道："我们这些粗心大意的西方人完全不了解其中的真意……这位高深莫测的主席是想传达点什么。"

斯诺自己后来谈论"这一事情过后我才终于明白毛是想以此作为象征，表示现在他亲自掌握对美关系"。斯诺在作上述这个判断的时候，离毛泽东本人亲自掌握中美关系的真实时间，已晚了很多年。

（唐筱菊撰写）

第九编　总结自省

卷二十五

为什么要提倡"每天都要洗脸"

毛泽东是善于总结经验并极具自省和自我革命精神的伟人。他认为个人特别是领导干部的自省、自我革命，是"每天都要洗脸"的事。

毛泽东曾经在《反对党八股》一文中写过一段"申讨党八股的檄文"，给党八股列举了"八大罪状"，其中"第六条罪状是：不负责任，到处害人"。

他讲了这样一段话："我们写文章，做演说，只要像洗脸这样负责，就差不多了。拿不出来的东西就不要拿出来。须知这是要去影响别人的思想和行动的啊！一个人偶然一天两天不洗脸，固然也不好，洗后脸上还留着一个两个黑点，固然也不雅观，但倒并没有什么大危险。写文章做演说就不同了，这是专为影响人的，我们的同志反而随随便便，这就叫做轻重倒置。许多人写文章，做演说，可以不要预先研究，不要预先准备；文章写好之后，也不多看几遍，像洗脸之后再照照镜子一样，就马马虎虎地发表出去。其结果，往往是'下笔千言，离题万里'，仿佛像个才子，实则到处害人。这种责任心薄弱的坏习惯，必须改正才好。"

毛泽东这里讲的是写文章、做演说。同样的比喻，他还用在提倡厉行节约、反对贪污浪费以及倡导廉洁自律上。

"贪污和浪费是极大的犯罪"

我们党在提倡厉行节约的同时，对贪污和浪费历来高度警惕，从不姑息和宽容。早在中央苏区时期，毛泽东就明确指出："应该使一切政府工作人员明白，贪污和浪费是极大的犯罪。"

到了延安时期，面对一些干部中出现的贪污、浪费、赌博等现象，毛泽东提出："如再有这类现象发生，必须严申纪律，轻者批评，重者处罚，决不可对他们纵容，反而美其名曰'宽大政策'。"他要求全党，在整顿三风中，"必须毫不犹豫地执行"这种不宽容政策；对那些思想和作风"起了霉"的干部，"要在太阳底下晒一晒才能恢复健康"。

这一时期，刘少奇也提出过这样的要求："为了整个革命的利益，我们不应该姑息那些官僚主义者及贪污浪费者。""为革命的胜利、我们的光明前途与新中国的创造而节省一切可以节省的物质资财。对民力、对物质资财的不爱惜，无异于对党对革命不负责任，无异于犯罪。"犯罪的说法，既讲的是党纪，也讲的是国法。

"对于浪费，不能采取原谅宽容的态度"

新中国成立后，党内和社会上曾经出现过一种错误想法，认为"建设经验不够，工作经验不够，浪费一点不可避免"。针对这种想法，陈云表示："我们的建设经验和工作经验不够是确实的，浪费也难以完全避免。但是，如果主管工作的本人有了这种想法，那么浪费就一定不可避免。"他认为，问题的关键在于对待浪费采取什么样的态度。他提出："我们对于浪费的态度，首先不能采取原谅宽容的态度，必须采取批评教育、纠正以至制裁的态度。"因为"任何一项小的浪费，如果不加纠正，推算到全国，一年、五年、十年、二十年，那就没有一项不是巨大的浪费"。

对新中国出现的任何贪污浪费现象，哪怕是一点点小的浪费，党和国家领导人都表明了绝不宽容的严肃态度。狠抓党风和社会风气，刹住奢侈浪费之风，这是我们党和国家领导人历来的共识。

典型例子就是新中国成立初期在毛泽东的亲自指挥下处理刘青山、张子善的案子。他们两个人都是老革命，都为党和人民立过大功，都在敌人的监狱里经受过严刑拷打的考验，但是在我们党成为执政党之后的短短几年里就变了质。正像毛泽东当初指出的那样，其根本问题，一个是骄傲自满，一个是贪图享乐。刘青山曾经说：老子革命那么多年，该享受一下了。果断处理这两起大案，对建立良好的党风和社会风气，起了极为重要的示范作用。

1952年2月10日，河北省在保定召开公审大贪污犯刘青山、张子善大会，并判处死刑。这一事件，在全国引起极大反响，使全国人民从刘青山、张子善案件中看到了中国共产党惩治贪污腐败的决心。

"要使我国富强起来，需要长期坚持艰苦奋斗"

当然，反贪污腐化和奢侈浪费的斗争，从来就不是一蹴而就的。这种长期性和复杂性是由中国的历史和社会发展现实决定的。毛泽东深刻地指出,中国是一个社会主义的大国,但又是一个经济落后的穷国。一大一穷是摆在我们面前的两大矛盾。再加上长期封建社会的影响下,一些消极腐化现象不仅不会轻易退出历史舞台,而且还有可能在新的历史条件下以形形色色的变种沉渣泛起。怎么解决这个复杂矛盾?毛泽东提出:"要使我国富强起来,需要长期坚持艰苦奋斗","执行厉行节约、反对浪费这样一个勤俭建国的方针"。

面对新中国成立后出现的一系列这方面的新问题,毛泽东特别提出:"勤俭办工厂,勤俭办商店,勤俭办一切国营事业和合作事业,勤俭办一切其他事业,什么事情都应当执行勤俭的原则。这就是节约的原则,节约是社会主义经济的基本原则之一。"

在领导社会主义建设过程中,毛泽东不断提醒人们,只有通过勤俭节约和艰苦奋斗才能实现社会主义,过上幸福美好的生活。他指出:"社会主义制度的建立给我们开辟了一条到达理想境界的道路,而理想境界的实现还要靠我们的辛勤劳动。有些青年人以为到了社会主义社会就应当什么都好了,就可以不费气力享受现成的幸福生活了,这是一种不实际的想法。"不通过勤俭节约、艰苦奋斗,既不可能实现国家富强,也不可能实现人民幸福。

他语重心长地说过:"中国人要有志气。我们应当教育全国城市、乡村的每一个人,要有远大的目标,有志气。大吃、大喝,统统吃光、喝光,算不算一种志气呢?这不算什么志气。要勤俭持家。"

如不天天"洗脸",就会"满脸灰尘"

随着社会主义建设成就的不断取得,随着社会生活的复杂变化,奢侈和浪费也慢慢演变成人们生活中的一大顽疾,消除这种不良风气需要我们拿出极大的毅力、勇气和信心,持之以恒。

1957年2月27日,毛泽东在最高国务会议第十一次(扩大)会议上发表《关于正确处理人民内部矛盾的问题》的重要讲话。

毛泽东在论述正确处理人民内部矛盾问题时曾指出,同这种顽固的缺点错误作斗争,就必须随时拿起批判的武器,"好比洗脸。人不是每天都要洗脸吗?"毛泽东的这种比喻,周恩来也用过,他提醒领导干部在这方面要"时常敲警钟,要互相警惕";如不天天"洗脸",就会"满脸灰尘"。

我们党的历任领导集体,都是以"天天洗脸"的要求坚持不懈地开展反对贪污腐化和奢侈浪费斗争的。比如,1957年,朱德就针对社会上有人认为"我们是生活在新社会,应该享福"的观点,专门写了一篇《勤俭持家》的文章,他尖锐地指出:"这是一种最危险的现象。"他多次强调:"从俭入奢易,从奢入俭难。勤俭建国家,永久是真言。"

经过以毛泽东为代表的老一辈共产党人的艰苦努力,勤俭节约、艰苦奋斗,成为我们党长期坚持、不可动摇的方针,在全党、全国、全民族形成了一种风气。正如刘少奇所说:"一种风气,一种民族风格,会流传几百年。"

(杨明伟撰写)

卷二十六

那个虎年，留七千名干部在京过春节

1962年1月11日至2月7日，中共中央在北京举行扩大的中央工作会议。参加会议的有中央、各中央局、各省市自治区党委及地委、县委、重要厂矿企业党委和部队的负责干部共七千余人，所以又称"七千人大会"。这次会议的一个重要目的，就是总结"大跃进"以来的经验教训。

会上，刘少奇代表中共中央作报告，初步总结了1958年"大跃进"以来工作中的经验和教训，分析了工作中的主要缺点和错误，指出全党当前的主要任务是做好调整工作。毛泽东在会上作了重要讲话，着重指出要健全民主集中制，在党内、党外充分发扬民主；要在总结正反两方面的经验的基础上，加深对社会主义建设规律的认识。对前几年工作中的缺点和错误，毛泽东主动承担了责任，做了自我批评。

这次大会召开期间，恰逢农历壬寅虎年的春节。春节前，为了让大家充分发表意见，毛泽东提议，会议延长几天，开一个"出气会"。

"我主张集体在北京过一个春节"

1962年2月3日（腊月廿九），周恩来在福建全体与会者会议上，提到了要开"出气会"的事，他说：大家心情舒畅了，才能把少奇同志报告的精神贯彻到实际工作中去，否则省委有省委的想法，地委有地委的想法，县委有县委的想法，各有各的想法，全党怎能一心一德，克服困难，奋勇前进呢？他还说：有些地委、县委很担心，是不是会把帽子带回去，又形成一个运动，一股压力。如果这样，这次会议中央提出来的精神就贯彻不下去，达不到目的。主席看到了这一点，所以，在大会上主席第一天提议，第二天讲话，四天开"出气会"。

周恩来的这番话，是在向人们解释毛泽东为什么要开"出气会"。那么事情的原委到底是怎么回事呢？

1月27日下午，刘少奇讲话之后，毛泽东随即向大家宣布：大会准备在30日结束，至迟31日结束，从28日到30日，三天的时间，拿出一天到一天半来，由中央的领导同志在大会上讲一讲，其他时间分组讨论。

结果，到29日，林彪讲话之后，毛泽东又提出一个令与会者意想不到的建议，要让会议延长几天，开一个"出气会"。

这个"出气会"一开，就意味着大家很难回家过春节了。

1962年的春节是2月5日。

春节，是中国人一年当中最为看重的节日，是合家团聚的日子。每到这一时间，只要条件允许，出门在外的人无论身在何方都要赶回家过年。尤其在困难年代，一年到头人们很难吃上一次稍好的饭菜，老老少少都盼望这一天全家团聚在一起热闹一下。

毛泽东、刘少奇、周恩来、陈云、邓小平在七千人大会上

但是,毛泽东要开"出气会",对与会的七千干部来说,无疑他们就要在北京过一个前所未有的特殊的春节了。毛泽东说:

为什么一定要回到你们家里过春节才算舒服?(笑声)为什么我们在北京七千人一道过一个春节不好?(全场热烈鼓掌)我看,春节不关大局,不关什么农业、工业、商业、学、兵、政、党,过也好,不过也好,我主张集体在北京过一个春节,有什么不好啊?(全场热烈鼓掌)

细心的读者从上面这段会议记录能够注意到,毛泽东的这个提议,不但没有引起与会者的不快,反而受到了热烈欢迎。他这百把字的讲话中,出现一次"笑声"、两次"全场热烈鼓掌"。阅读这些文字,可以感受到当时台上台下的热烈气氛。七千人的身心都沉浸在大会特殊的气氛中。

"解决上下通气的问题"

毛泽东为什么要延长会议时间呢？毛泽东自己说，是为了让大家出气。出些什么气呢？这个气有多大？这个气为什么非出不可呢？毛泽东为何如此重视？他说：

现在，要解决的一个中心问题是，有些同志的一些话没有讲出来，觉得不大好讲。这就不那么好了。要让人家讲话，要给人家机会批评自己。你自己不批评自己，也可以，得让人家批评你。最好的办法还是自己来批评自己。有许多地方的同志是做了准备的，而且有的做检讨做了几年了。有好几个省，从1959年就作自我批评，不止一次、两次、三次、四次，而是五次、六次。自我批评的结果，人家就不爱听了，说：请你不要再讲了，老讲那一套。这个时候你就可以不讲了，这才取得了主动。我看是不是在这次会议上就解决这个问题，县、地、省都有同志在这里，不要等回去了再解决。

不过这样有个问题：你们都急于回去过春节。这是个矛盾。还有几个同志准备讲话，恩来同志、小平同志、朱德同志。我也想讲几句话。（热烈鼓掌）我们可以一面开小会，一面开大会，每天大会不超过三个钟头。这可能违反大多数同志的意愿。……

我相信能够解决上下通气的问题。有一个省的办法是：白天出气，晚上看戏，两干一稀，大家满意。（全场活跃，鼓掌）我建议让人家出气。不出气，统一不起来。没有民主，就不可能有集中。因为气都没有出嘛，积极性怎么调动起来？到中央开会，还不敢讲话，回到地方就更不敢讲话了。我们几个常委商量了一下，希望解决出气的问题。有什么气出什么气，有多少气出多少气，

毛泽东、朱德、董必武、邓小平等接见参加七千人大会的代表

不管是正确之气、错误之气，不挂账、不打击、不报复。你骂了我，我整你一下，这是不许可的。要建立民主集中制。讲了几十年马克思主义，我们党内生活的民主集中制没有很好建立起来。民主集中制的思想在有些同志脑筋里面没有产生，没有民主。

一如既往，毛泽东的话讲得诙谐生动，大会情绪十分热烈。毛泽东也讲得很明确，是因为地方同志的气还没有出，上下没有沟通好，所以为了调动大家的积极性，决定在中央的大会上解决出气的问题。同时，他宣布了出气规则是有什么气出什么气，无论正确或错误，不挂账、不打击、不报复。

毛泽东提议大家在北京一起过年的深层原因

毛泽东根据什么认为大家的气还没有出呢？一般研究者认

毛泽东、刘少奇、周恩来、朱德、陈云、邓小平在七千人大会主席台上

为,是在毛泽东讲话之前,接到几封信,表示话还没有说完,还憋着一肚子气。有的地方,如安徽省在分组讨论时,本来讨论得很热烈,结果省委书记曾希圣一到,全场顿时鸦雀无声,非常沉闷。其他的省,也有类似情况。这一现象,引起了毛泽东等的关注,因而做出了开"出气会"的决定。

这些原因无疑是存在的,也是正确的。但还有一些重要因素,比如,还在大会讨论报告期间就已经反映出不少与会者,尤其地委、县委书记,对这几年开展的"反右倾"、"拔白旗"、"整风整社"、"民主革命补课"等运动,意见很大。他们认为,这些运动的开展,严重地破坏了党内的民主生活,动不动就给人戴上右倾主义者、死官僚主义者等的帽子,使不少同志有话不敢说,上下级关系不融洽,下边因此对中央各部及省市委有着相当大的怨气。

如有的地方反映,省委自我批评不够。他们说:省委从来没有做过认真的自我批评,只说"我有责任,我有官僚主义"就过去了。若是下边犯了错误,就会追问动机、目的、思想、立场等,领导同志能这样轻描淡写就完了吗?明明有问题,还以动机好、干劲大自慰,不进行认真检查。意思是省委过去几年推行了不少错误的政策，应该做严肃的、认真的检讨。

客观地说，1958年后出现的一些错误，中央和地方都有份，省委是贯彻中央指示的。毛泽东召开七千人大会的动因之一，就是想向全党干部表明，责任全由省委担起来是不公平的。过去几年主要是中央犯了错误。但有些地、县的同志强调，说假话、刮"五风"、搞特殊化等，不能算在中央的头上，哪样不是省、市负责同志开的头？

再进一步分析，中央的政策好，对省、市可以起到好的指导作用，即使省、市一级原来有些偏差，在中央正确方针指导下，也可以得到及时的纠正。相反，如果指导不正确，也会走向反面。这是不言而喻的事情。但是，同样是执行中央的政策，有的省就搞得好一些，有的省就差一些，这又怎么解释呢？由此说来，省委一级还是要负相当责任的。又因为，对地、县两级，同他们直接打交道的是省委，他们所看到或感受很深的是省委的工作方法、工作作风和工作态度。所以他们的气首先针对的就是省委。

因此有人提出，对中央各部部长、省委第一书记，应该发动地、县同志提意见，两头挤。

还有人说，这几年中央决议、主席指示不大灵，主要是"中梗"——有些中央部门、省市委不大听话，上情不能下达。如青海、甘肃、山东、河南、安徽都是这样。

在谈到这几年党内的民主生活时，一些人更是牢骚满腹、怨气很多。他们说：这几年来在党内不敢讲真话，"守口如瓶"，"话到口边留半句"，连知心的老战友在一块也不说知心话；工作提心吊胆，党内上下级之间、同志之间关系不够正常；思想有疙瘩，心情不舒畅。

有一位发言时还流了泪，对党内生活表现出极大的困惑。他说：我第一天入党就把党当作家了，但这几年有话不敢说，实在叫人留恋抗战时期的党内生活。现在在党的会议上，有些人居然尽说些外交场合的话。过去生人变熟人，现在是熟人变生人。党内形成这种状态，究竟是什么原因，直到现在我也不了解。

这些切身感受，都源于各种各样的运动。会上有人说，据中南局统计，中南区在反右派时，党内处理了几万人；"反右倾"、反瞒产、"拔白旗"三个运动，共处分了32万人；"民主革命补课"，河南处分了23万人，湖南处分2.1万人，至今中南区平反的只有7万人。全部算在一起被平反的还不足八分之一，可以想象地、县两级干部意见之大，心中有气，就不足为怪了。

在讨论中，湖南有人谈到1960年冬和1961年初开展的"整风整社"运动时说：湖南全省八十来个县，有三十来个县委第一书记被换。没挨整的也被吓坏了，成天提心吊胆，他们说：取了经是唐僧的，闯了祸是孙悟空的。"反右倾"是整了说老实话的，"整风整社"是整了坚决执行上级指示的。

由这些牢骚可以看出，下边的干部的确很有难处！

河北有人形象地说："整社"是三类队一脚蹬，二类队不敢吭，一类队吓得不轻。下面干部不是兢兢业业，而是战战兢兢。

广东、云南、内蒙古有人说：一搞运动就对干部排队，在干部中震动很大，也很伤感情。几年来，每次搞运动，上面规定的控制比例，实际上起了促进扩大的作用。

还有人用对联的形式反映县级干部的处境。有一个县委干部在过年时写了一副对联。上联：群众过年欢天喜地；下联：干部过年整换过关；横批：年年如此。

这是一个苦涩的幽默，尽管有点夸张，但展示了县级干部当时的心情和处境。

在这样的情况下，毛泽东和中央常委做出不回家过春节，在北京开"出气会"的决定就不足为怪了，受到与会者的热烈欢迎也就可想而知了。

情况已经清楚地表明，中央不检讨过去几年的错误，中央各部和省、市委不主动检讨自己的工作，地、县两级干部的气很难理顺。气还没有顺，大会就这样散去，难免就会像周恩来说的"省委有省委的想法，地委有地委的想法，县委有县委的想法，各有各的想法"，怀着期待而来，带着失望而归，大会就没有达到目的，"中央提出来的精神就贯彻不下去"。所以，毛泽东才有了趁热打铁，再拿出几天时间，给地方干部出出气，让他们把"气"都留在北京，轻轻松松回去的决定。事实表明，这个决定非常及时、英明。

毛泽东高超的领导艺术

这里还有一个问题必须说明，是不是任凭下边干部给中央各部和省、市委提意见，毛泽东的心里就踏实了呢？显然不是。

1月30日下午，毛泽东在大会上讲话，将一些省委书记"狂轰滥炸"了一顿，表示要坚决摸他们的"老虎屁股"。晚上，毛泽东就将各中央局第一书记找到他的住处，讲了一些比他在大会上的讲话温和许多、多少带有一些安抚性质的话。因为，毛泽东心里清楚，很多事情是省委代中央受过。由此，颇可以看出毛泽东的心境以及他高超的领导艺术。

1962年1月30日，毛泽东在七千人大会上讲话

他说：省委要检讨，态度要老实诚恳，要抓住本质，简明扼要，关键性的东西讲一个小时就够了，讲长了反而有坏处。讲的东西，有"左"讲"左"，有右讲右，有多少讲多少，对于人家讲的，即使不对，也不要忙于解释。如果你检讨的时候，说你负责，回头又说，你当时不在，这就不诚恳嘛。如果你只有十条错误，人家讲你二十条，你实际上还是只有十条嘛。毛泽东以罗炳辉为例说：人家告罗炳辉两条，我告诉罗炳辉的也是两条：一条是人家对你有意见就应该听，准备听十年八年，让人家讲够，讲够了他就不讲了；第二条，你自己讲，你讲了，人家就不讲了，或者讲得就少了。总之，不听不讲是不行的。当然不是错的不要承认是错的，不要为了过关，对自己乱戴帽子。对检讨自己错误的人，不要勉强，检讨不彻底的人也不要勉强，因为检讨总要觉悟到了才行，能检讨多少就检讨多少。过去我们犯错误的同志，一犯了错误就过不了关，总说是不彻底，没有彻底的。不要怕开除党籍，只要你对，你就不要怕，我就曾经三次被迫离开过红军，结果还不是回来了。对犯了错误的人，不管错误和正确，一律不许追究；凡是犯了错误的干部，只要是能改正的一律要

使用。

毛泽东还讲了秦穆公的故事，他说：秦攻郑国，被晋国抄了后路，秦国军队全军覆没。晋国俘虏了三个秦国将军，这三个将军在晋国都有私人关系，晋国的人把这三个人放走了。晋王发觉后就派人追，没有追上。三个将军跑回秦国，秦穆公穿着孝衣去迎接他们，并且说打了败仗不怪你们，这是我的责任。秦穆公仍然重用这三位将军。三年以后，秦国攻打晋国，晋国全军覆没。毛泽东用这个例子说明，对打了败仗的人，不能歧视，只要能够认识错误，就一定要使用，就像秦穆公那样。

毛泽东的这番话，很是耐人寻味，第二天各中央局书记就将毛泽东的讲话传达给省委书记和中央各部部长。这些正坐在火炉上被煎被烤的部长和书记，听了以后，心里有了底。原来毛主席是理解他们的，自然也就心甘情愿地主动承担责任。

什么叫领导艺术？毛泽东的工作方法，叫人不能不服。

七千人大会由此转入第二个高潮，"出气"的高潮……

毛泽东宣布：这个会开得好，开完了，散会

1月30日晚10时30分至12时，毛泽东在中南海颐年堂召开中央政治局常委和中央局书记会议，布置如何开"出气会"的问题，决定以3天时间开小组会，放手让大家提意见；中央几个常委分别到安徽、福建、山东、陕西、四川组参加会议。

1月31日至2月3日以及2月6日上午（虎年正月初二），大会以省为单位，或省以地区为单位开"出气会"。刘少奇、周恩来、朱德、陈云、邓小平分别到各组参加会议，毛泽东连续两天

1962年2月6日，朱德在七千人大会上发言

亲自在中南海颐年堂听取各大区"出气"情况的汇报。

2月4日（除夕）晚上，毛泽东、刘少奇、周恩来、朱德、林彪同全体与会人员一起在人民大会堂共度春节，观看北京文艺工作者演出的京剧、舞蹈、杂技等节目。

2月5日（春节）晚上，全体与会人员出席人民解放军总政治部在人民大会堂举行的拥政爱民联欢晚会，毛泽东、刘少奇、周恩来、朱德、董必武、陈云、林彪、邓小平等参加，晚会规模之大，有4万多人。人民大会堂各楼大厅同时演出了多种文艺节目，还有电影、体育表演等。

2月7日（正月初三），大会在人民大会堂举行全体会议。在周恩来发表讲话以及邓小平宣读大会关于刘少奇书面报告的决议后，毛泽东说："同志们有什么修改的意见没有（全场热烈鼓掌），就不需要付表决了吧？（全场热烈鼓掌）"毛泽东又说："中共中央扩大的工作会议关于刘少奇同志报告的决议，就作为通过

毛泽东、周恩来、陈云在七千人大会上

（全场热烈鼓掌）。"鼓掌过后，毛泽东宣布："这个会议就闭幕了……这个会开得好，开完了，散会（热烈鼓掌）。"

…………

七千人大会，在加强党的集中统一、反对分散主义方面，在充分发扬民主、坚持党的民主集中制方面，在总结社会主义建设的经验教训和统一全党思想等方面，都起了重要的示范作用。会议使全党恢复了比较实事求是的思想路线，对过去存在的问题和经验教训以及如何迅速恢复和发展国民经济作了比较系统的总结，对今后的经济建设要注意哪些问题、应该怎么搞有了比较统一的认识，对社会主义建设的长期性和艰巨性也有了比较明确的认识。

参加会议的中共湖北省委第一书记王任重曾经这样评价这次

会议:"这次七千人大会,不是一般的干部会议。它的重要性不亚于一次党代表会议。这次会议总结了十二年来的经验教训,统一了全党的认识,对于克服当前困难和争取今后社会主义建设的胜利,有着伟大的历史意义。再过若干年,会越来越看到这次会议的重要性。"

陈云也说过:"这次大会取得了非常大的胜利,不要估计低了。"

30年后,邓小平是这样评价这次会议的:"在我们党的历史上,像'七千人大会'这样,党的主要领导人带头做自我批评,主动承担失误的责任,这样广泛地发扬民主和开展党内批评,是从未有过的,所以它的意义和作用,在我们这些亲身经历过的人当中,永远不会忘怀,而且我相信会历时愈久,影响愈深。"

(张素华撰写)

第十编 决议评述

卷二十七

主持起草党的第一个历史决议

自延安时期开始,在毛泽东主持下,开启了中国共产党人以历史决议方式总结历史经验的传统。

1945年4月六届七中全会通过的《关于若干历史问题的决议》(以下简称《决议》),是中国共产党在新民主主义革命时期的重要历史文献。《决议》总结了党从成立到抗战爆发这一时期、

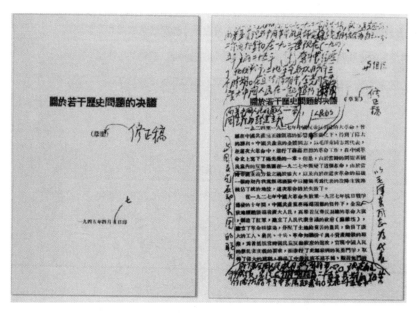

毛泽东亲自主持起草《关于若干历史问题的决议》,他先后多次修改,这是其中的一稿

特别是十年内战时期的正反两方面的斗争经验，对于十年内战时期党的若干历史问题，尤其是六届四中全会至遵义会议期间中央的领导路线问题，作了正式结论。它是党中央在延安开展整风教育的成果，对于统一全党思想，加强全党在马克思列宁主义、毛泽东思想基础上的团结一致，起了巨大的作用。

我们查阅了《决议》起草过程中的各次存稿和有关的档案材料，访问了当年曾经历《决议》起草过程的有关同志，对《决议》的起草情况，得出一个基本认识：《决议》是在毛泽东思想和毛泽东本人直接指导下经过长时间反复修改直至最后完成的一个集体创作，毛泽东自始至终领导了《决议》的起草工作，多次提出起草《决议》的总的和各部分的指导思想，并对《决议》草案稿作过多次和大量重要的修改，《决议》的基本内容和重要思想观点是他提出来的。所以，1953年出版的《毛泽东选集》第三卷，根据党中央决定将《决议》作为附录编入。

启动起草工作

1941年9月和10月，中央政治局举行扩大会议，检讨党的历史上，特别是第二次国内革命战争时期的领导路线问题。毛泽东在会上作了重要讲话，明确提出反对主观主义和宗派主义。这次会议为全党整风做了重要准备。这一年的10月13日，中央书记处会议决定组织清算过去历史委员会，由毛泽东、王稼祥、任弼时、康生、彭真五人组成，以毛泽东为首，委托王稼祥起草文件。档案中保存有当时起草的文件，题目是《关于四中全会以来中央领导路线问题结论草案》（以下简称《结论草案》）。这份

《结论草案》是毛泽东身边秘书抄清的,抄清稿上又有毛泽东的修改,毛泽东在封面上写了"历史草案〈密〉"几个字。我们分析,这个稿子可能是王稼祥起草,毛泽东做了较大修改,然后让身边秘书抄清的。

《结论草案》对第三次"左"倾路线做了这样的概括:"这条路线的主要负责人是王明同志与博古同志,这条路线的性质是'左'倾机会主义的,而在形态的完备上,在时间的长久上,在结果的严重上,则超过了陈独秀、李立三两次的错误路线。"《结论草案》分析了第三次"左"倾路线在思想上、政治上、军事上、组织上所犯的严重原则错误,指出:思想方面,犯了主观主义与形式主义的错误;政治方面,在形势估计上,在策略任务的提出与实施上,在对中国革命许多根本问题的解决上,都犯了过左的错误;军事方面,犯了从攻打大城市中的军事冒险主义到第五次反"围剿"中的军事保守主义最后在长征中转到完全的逃跑主义的错误;组织方面,犯了宗派主义的错误。《结论草案》指出,"左"倾错误产生的社会根源,"主要的是小资产阶级思想在无产阶级队伍中的反映。中国极其广大的生活痛苦的小资产阶级群众的存在,是我们党内右的、而特别是'左'的错误思想的来源"。《结论草案》还指出,遵义会议"实际上克服了当作路线的'左'倾机会主义",解决了当时最主要的问题——错误的军事路线、错误的领导方式和错误的干部政策,"实质上完成了由一个路线到另一个路线的转变,即是说克服了错误路线,恢复了正确路线"。

由于当时全党还没有开始整风,党的高级干部也还没有集中学习党的历史、回顾和检讨过去历史上的错误,所以对四中全会和第三次"左"倾路线的了解还不够完整,从而在认识上受到一定程度的局限。这种局限性也反映在《结论草案》中。例如，它认为四中全会的路线基本上是正确的，1931年9月20日中央的《由于工农红军冲破敌人第三次"围剿"及革命危机逐渐成熟而产生的紧急任务决议》才是第三次"左"倾路线的起点。这个《结论草案》，原来准备提到中央政治局会议讨论通过。后来，随着中央内部整风的开始，《六大以来》、《六大以前》和《两条路线》等党内重要文件汇集在1941年、1942年和1943年先后编出，和党的高级干部对历史问题讨论的逐步深入，从而感到《结论草案》在某些方面的内容和对某些问题的认识，需要进一步充实以至修正，这样，它没有由中央政治局正式讨论通过而被搁置起来。但是，它的许多重要内容和思想观点，都仍然保存在后来由六届七中全会原则通过和七届一中全会修正通过的《决议》中。

确定指导原则

经过整风运动和高级干部学习党的历史，为了肃清"左"倾路线，特别是第三次"左"倾路线的错误影响，统一全党的思想和认识，党中央重新提出起草历史决议的问题。

在1944年3月5日政治局会议上，毛泽东作了关于路线学习、工作作风和时局问题的讲话，针对党的高级干部学习党史中提出的许多问题，他就其中的几个重要问题提出了六条意见，得到会议的赞同和批准，成为政治局的结论。接着，他于4月12日在党的高级干部会议和5月20日在中央党校第一部先后所作的报告（这两次报告后来合并整理成《学习和时局》一文）中，传达了政治局的结论。这些结论成为起草《决议》的一些重要指导原则。

1944年5月10日，中央书记处会议决定组织党的历史问题决议准备委员会，成员是任弼时、刘少奇、康生、周恩来、张闻天、彭真、高岗，由任弼时负责召集。5月19日，又增加秦邦宪为成员。任弼时作为这个委员会的召集人，主持《决议》起草的日常工作，做了大量的组织工作，并参加《决议》草案的起草和修改。当时在延安的中央领导人如陈云等，虽未列名于这个委员会，但在《决议》的起草过程中，经常到会参加讨论，提出过不少意见。1945年春，成立了由在延安的党的主要高级干部参加的讨论《决议》草案的一系列小组，各小组组长，也都参加过委员会的会议，如李富春、叶剑英、聂荣臻、刘伯承、陈毅等人，并在会上发言。此外，从1941年起担任毛泽东的秘书的胡乔木，后来毛泽东在中央政治局会议上曾宣布他兼任中央政治局的秘书。他作为工作的助手，也曾经历了1944年开始的《决议》起草工作的全过程。

修改和增补

我们从档案中看到《决议》草案的一个复写稿，注明时间为1944年5月，题目是《检讨关于四中全会到遵义会议期间中央领导路线问题的决议（草案）》，共五个问题。据延安时期在中央秘书处担任速记工作的同志辨认，复写稿是当年参加速记工作并兼理任弼时交办的日常事务工作的张树德的笔迹。对这个复写稿，任弼时做了修改，并加写了一个问题——"（六）检讨历史的意义和学习党史的重要"。我们分析，这个复写稿应是任弼时起草的。这是档案中保存的1944年重新起草历史决议的最早的一个稿子。经查对档案，发现这个复写稿主要来源于1941年的《结论草案》。在结构上，这个复写稿同《结论草案》基本相同，加写第六个问题，是考虑到党的高级干部学习党史以后的一些情况。在内容和文字上，这个复写稿的主要部分也跟《结论草案》基本相同，不少重要段落同《结论草案》一字不差，只是对四中全会的评价不同，这是因为经过延安整风和高级干部学习党史以后，中央对四中全会的认识和评价已有重要的变化。

档案中还有一份胡乔木起草的《决议》草案稿。根据分析，该稿起草时间是在上述复写稿之后。他起草的这个稿子没有题目，共四个问题。其中的第二个问题（第三次"左"倾路线的错误）和第三个问题（第三次"左"倾路线错误的根源），一些基本思想也是来源于《结论草案》。这个稿子同前一个稿子在结构和写法上有较大的不同，在主体部分的框架结构上比较接近后来的《决议》。这个稿子任弼时修改过三次，加上了题目《关于四中全会到遵义会议期间中央领导路线问题的决议（草案）》，加了一段关于"左"倾教条主义得到经验主义支持的内容，特别是对第三次"左"倾路线错误写了七点提纲式的意见。这七点意见是：第一，不了解中国民族矛盾与阶级矛盾的关系、政治经济发展的不平衡、城市与农村的特殊关系；第二，不了解新民主主义革命是反帝反封建的资产阶级性革命；第三，不承认任何其他阶级有成为同盟者的可能，不能组成抗日反蒋统一战线；第四，对革命的长期性没有认识；第五，不了解农村武装斗争的重要意义及战略战术；第六，政治斗争策略上的错误；第七，组织上的宗派主义。根据当时党中央的工作情况和历史问题决议准备委员会的工作情况，可以认定这七点意见显然是集中了集体讨论中提出的意见。

　　档案中还有一份张闻天修改的稿子。张闻天修改所用的底稿是毛笔抄写的（其中有两页不是毛笔抄写的，而是用胡乔木起草的稿子的复写件），没有题目，起草人现在还不能正式确定，时间应是在胡乔木起草的稿子之后。档案中所存的张闻天修改过的这件文稿不全，缺后半部分，只有前面三个问题。第一个问题，概述了1924年第一次国共合作至1937年全面抗战爆发期间的革命斗争历史和党反对陈独秀右倾投降主义和张国焘分裂主义的斗争。在这个问题的末尾，张闻天加写了三段话，其中比较重要的是第一段："尤其值得我们骄傲的，是十年内战更使我党马列主义的理论与中国的实际结合起来了。以毛泽东同志为代表的马列主义理论与中国实际统一的思想，在内战中有了极大的发展，给中国共产党指出了正确的行动方向。而毛泽东同志终于在内战的最后时期确立了他在中央的领导，这领导，无疑，将保证中国共产党在以后的完全胜利。"第二个问题，叙述大革命失败至全面抗战爆发这一期间党的历史，讲到了十一月扩大会议、六大、立三路线、三中全会、四中全会、临时中央、五中全会、遵义会议等。张闻天在末尾加了一段话："大会欣幸的指出：党经过了自己的一切成功与失败，终于在毛泽东同志领导下，在思想上，在政治上，在组织上第一次达到了这样的一致与团结！这是要胜利的党，是任何力量不能战胜的党！"第三个问题，讲第三次"左"倾路线的错误，改变了以前的稿子从思想上、政治上、军事上、组织上四个方面分析的写法，而是综合地讲七点，基本上是按照前面说过的那七点提纲式的意见写的（后来还曾有稿子增加为八点）。对这个问题，张闻天做了较多的修改和增补。

毛泽东的六次修改

毛泽东对《决议》草案稿的修改,是在张闻天修改稿的抄清件上开始的,时间当在1945年春季。毛泽东使用的抄清件有第四、第五个问题,并有题目。这五个问题,基本上就是后来《决议》的第二、第三、第四、第五、第六个问题。档案中现存毛泽东的六次修改稿。

第一次修改,毛泽东把底稿的原题《关于四中全会到遵义会议期间中央领导路线问题的决议(草案)》改为《关于若干历史问题的决议(草案)》。这次修改对第一个问题加写了很多内容。"团结全党同志如同一个和睦的家庭一样,如同一块坚固的钢铁一样,为着获得抗日战争的彻底胜利和中国人民的完全解放而奋斗"这句话,就是这次加上的。

第二次修改的主要内容是:强调六大的正确方面;批评四中全会打击所谓"右派"的错误,对何孟雄、林育南、李求实等受打击的同志做了充分肯定的评价;指出遵义会议实现的转变对克服张国焘路线、挽救一部分主力红军的重要意义。在这个稿子的首页上,他写了一个批语:"弼时同志:请邀周、朱、洛、刘(如在此时)看一下,是否这样改,然后印若干份,编号发给四十多个同志,再集他们座谈一次,就可成定议,再交七中通过。毛泽东三月廿四日"。

在毛泽东批示后,《决议》草案于1945年3月26日第一次排印铅印稿。

《决议》草案第一次铅印稿经修改后在同年4月5日又排印一次。毛泽东第三次、第四次、第五次修改的底稿,都是这一次铅印稿。他主要是在开头加写了一大段话，说中国共产党从产生以来就以马克思主义的普遍真理与中国革命的具体实践相结合为自己一切工作的指针，自1921年以来的二十四年中，进行了英勇奋斗，取得了伟大成绩和丰富经验，在思想上、政治上、组织上日益巩固，成为中国人民解放事业的伟大领导者。这一大段话，基本上就是后来《决议》的第一个问题的内容。

档案中，有一份胡乔木以4月5日印稿为底稿，汇总毛泽东等的修改意见的稿子。在这个修改稿后面装订有一封他9日写给任弼时的信，全文是："弼时同志：历史稿送上，因考虑得仍不成熟，改得仍不多，你上次所指出的许多地方因记得不甚清楚亦尚未改正。将来的改正稿望你给我一份以便继续研究。关于教条主义宗派我是先讲小集团，待宗派主义事迹说清后才安上教条主义宗派的头衔，以见实事求是之意，经验主义的问题也是先说事实后说责任，这样说不知是否有当？敬礼　乔木九日"。

经毛泽东修改过的稿子，在同年4月8日再次排印。这次铅印稿印出后，对第三次"左"倾路线的错误这一部分重新改写了，将原来讲的八点又恢复为从政治（包括军事）、组织、思想三个方面进行分析，内容也大大地丰富了。毛泽东对这个稿子作了修改，加写了一些内容，这是他对《决议》草案稿的第六次修改。

《决议》草案在1945年4月20日六届七中全会原则通过后，在7月24日又印出一次稿子。在这一稿上，关于第三次"左"倾路线错误部分，把军事方面独立出来，成为政治、军事、组织、思想四个方面。

六届七中全会原则通过的《决议》草案，七大委托七届一中全会修改和通过，后来在同年8月9日召开的七届一中全会第二

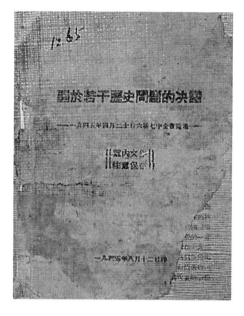

1945年8月印刷的《关于若干历史问题的决议》

次会议上一致通过。同年8月12日,《决议》正式印成党内文件。

新中国成立后编辑《毛泽东选集》的过程中,1950年8月19日由毛泽东提议,后经中央政治局委员同意,把《决议》作为附录编入第三卷,并在文内加上了应对第三次"左"倾路线负主要责任的人即陈绍禹(王明)、秦邦宪(博古)的名字。

多次认真讨论后完成

在《决议》草案起草过程中,党的高级干部进行了多次的认真的讨论。在1945年3月至4月,讨论进入加紧进行阶段,高岗、李富春、叶剑英、聂荣臻、刘伯承、陈毅、朱瑞、林枫等负责的各个组,连续开会讨论,提出很多意见。如前所说,各组负责人有一部分还曾多次参加党的历史问题决议准备委员会的讨论。所有讨论中提出的重要意见,都及时向毛泽东汇报。党中央、毛泽东和党的历史问题决议准备委员会认真地研究了这些意见,将合理的有益的意见尽量吸收在《决议》中。下面根据档案材料,举几个例子。

《决议》草案关于六大的写法,在讨论中不少人多次提出意见,草案进行了反复修改,才基本上定下来。从张闻天修改用的底稿开始,直到1945年3月26日印稿中,都说六大"仍然没有在思想上给盲动主义以彻底的清算。这样就埋下了'左'倾思想在党内得以继续发展的一个根苗"。在讨论中,大家对"根苗"的说法意见较多,不同意说六大埋下了"左"倾思想继续发展的根苗,而认为应当强调六大的正确方面。这样,在4月5日印稿中去掉了"根苗"的说法,但对六大写得比较简单,只说:"党的第六次全国代表大会进行了两条战线的斗争,批判了陈独秀主义与盲动主义,特别指出党内最主要的危险倾向是脱离群众的盲动主义与命令主义。"讨论中,有同志提出对六大的评价应再高一些。4月15日的印稿中,对六大的正确方面就作了比较充分的阐述,对它的缺点只用"这里不来详说"几个字一笔带过。对这种写法,讨论中又提出意见,认为:六大有缺点,应指出,不提反而不好。7月24日印稿中,对六大的正确方面和缺点作了全面的阐述和评价。

关于四中全会是不是第三次"左"倾路线的开始这个问题,从《决议》草案起草开始,直到印出1945年3月26日铅印稿,都只说四中全会在清算党内"左"倾错误上不但没有起过积极作用,而且扩大与发展了许多"左"倾错误,认为1931年9月20日中央的《由于工农红军冲破敌人第三次"围剿"及革命危机逐渐成熟而产生的紧急任务决议》才是第三次"左"倾路线充分形成的开始。对四中全会的评价是一个比较大的问题，从1941年9月政治局扩大会议起，特别是1943年9月开始的政治局会议以后，中央反复考虑和研究，一直没有做出正式结论。《决议》起草过程中，党中央又斟酌这个问题，也听取了党的高级干部讨论中提出的意见（例如，有同志提出从四中全会起就是"左"倾路线，不应只强调九一八事变后中央九月二十日决议）。在1945年4月5日印稿中，对这个问题做了重大修改，第一次明确肯定四中全会是第三次"左"倾路线的开始。

关于第三次"左"倾路线错误问题改为八点的写法，讨论中不少人提出不同意见，认为八点的写法要改变，应当加以归并。在1945年4月8日稿印出后，对这一部分重新改写，从政治、组织、思想三方面进行阐述和分析。后来，又根据讨论中的一些意见，把军事问题单独列为一个方面，并在内容上加以充实。

对于被错误的肃反所迫害甚至冤杀的同志，讨论中提出应当给以昭雪。根据这个意见，《决议》草案增加了这样一段话："扩大的七中全会在此宣布：一切被错误路线错误地处罚了的同志，应该根据情形，撤销其处分或其处分的错误部分。一切经过调查确系因错误处理而被诬害的同志，应该给予昭雪，恢复党籍，并受到同志的纪念。"

参加讨论的同志还提出了其他的一些意见，如要求在《决议》草案中写上"教条主义宗派"和"经验主义宗派"，要求写上第三次"左"倾路线使根据地损失百分之百、白区工作损失百分之九十，不同意说四中全会和临时中央是合法的，等等。对这些意见，党中央和毛泽东进行了耐心的说服和解释。1945年3月31日毛泽东在七中全会的一次会议上说：草案中没有说百分之百、百分之九十的问题，没有说品质问题，也没有说非法问题，也没有说宗派。这些不说，我看至多是缺点；说得过分，说得不对，却会成为错误。毛泽东的这一讲话，对党的高级干部进一步领会中央处理党内历史问题的方针和起草《决议》的指导思想，统一大家的认识，起了重要作用。

在《决议》草案的起草和讨论中，充分体现了党内生动活泼的民主生活，参加讨论的同志畅所欲言，各抒己见，党中央和毛泽东认真地听取各种不同的意见。这充分说明《决议》是集体智慧的成果。关于这一点，毛泽东作了很好的说明，1945年4月21日，他在七大预备会议上作的《"七大"工作方针》报告中说："我们现在学会了谨慎这一条。搞了一个历史决议案，三番五次，多少对眼睛看，单是中央委员会几十对眼睛看还不行，七看八看看不出许多问题来，而经过大家一看，一研究，就搞出许多问题来了。很多东西在讨论中你们提出来了，这很好，叫做谨慎从事。"又说："最近写决议案，写过多少次，不是大家提意见，就写不这样完备。"

上述情况说明，《关于若干历史问题的决议》经过几次起草，经过党的高级干部多次讨论，经过多人和多次的修改，从1941年10月起草《结论草案》算起，前后经过将近四年的时间，才得以完成。《决议》是党的集体智慧的结晶，而不是某一个人的作品。参与这一集体创作的每一个人，都对这一历史文献作出了自己的贡献，有一些同志作了较多的贡献。历史事实和档案材料明确无误地表明，贡献最大的始终是毛泽东。

（冯蕙撰写）

卷二十八

三个历史决议中的毛泽东思想

毛泽东,为中国共产党、中华人民共和国、中华民族,留下了丰功伟绩,也留下了指导我们前进的丰富思想理论,启发我们如何解决面临困难问题的丰富智慧和方法。特别是毛泽东思想,成为我们党永远必须牢记的思想和行动指南。

对于毛泽东同志,习近平同志指出:"毛泽东同志是伟大的马克思主义者,伟大的无产阶级革命家、战略家、理论家,是马克思主义中国化的伟大开拓者,是近代以来中国伟大的爱国者和民族英雄,是党的第一代中央领导集体的核心,是领导中国人民彻底改变自己命运和国家面貌的一代伟人。"

对于毛泽东思想,他也明确指出:"毛泽东思想以独创性理论丰富和发展了马克思列宁主义。毛泽东思想教育了几代中国共产党人,它培养的大批骨干,不仅在新民主主义革命、社会主义革命、社会主义建设时期发挥了重要作用,也为新的历史时期开创和建设中国特色社会主义发挥了重要作用。邓小平同志说,毛泽东思想这个旗帜丢不得,丢掉了实际上就否定了我们党的光辉历史;任何时候都不能动摇高举毛泽东思想旗帜的原则,我们将永远高举毛泽东思想的旗帜前进。"

在中国共产党的历史决议中,对毛泽东思想有着清晰的表达。

党的十九届六中全会通过的《中共中央关于党的百年奋斗重大成就和历史经验的决议》(下称"第三个历史决议"),和之前的《关于若干历史问题的决议》(下称"第一个历史决议")、《关于建国以来党的若干历史问题的决议》(下称"第二个历史决议"),既一脉相承又创新发展。这种一脉相承又不断发展的有机统一,鲜明地体现在对毛泽东思想的论述上。

三个历史决议都与毛泽东思想密切相关,从一定意义上讲,三个历史决议的制定过程,生动反映了毛泽东思想的形成、发展和不断创新的过程。深入研究三个历史决议与毛泽东思想的关系,对于我们正确认识、对待毛泽东思想,不断推进马克思主义中国化有重要意义。

第一个历史决议与毛泽东思想的确立

毛泽东思想是在党的七大上被正式确立为党的指导思想的,这是党的七大的历史性贡献。按照原来的安排,《关于若干历史问题的决议》也是要提交党的七大审议通过的,对此毛泽东有明确说明。只是为了使党的七大将精力集中于政治、军事等重大问题的讨论,团结一致向前看,才改为在扩大的六届七中全会上通过。党的六届七中全会和党的七大是前后贯通的,从这个意义上讲,为党的七大做准备的六届七中全会及其通过的第一个历史决议则为毛泽东思想的确立提供了理论准备、奠定了思想基础。

在党的七大上,刘少奇在《关于修改党章的报告》引言部分明确提出:中国共产党"以马克思列宁主义理论与中国革命实践之统一的思想——毛泽东思想作为自己一切工作的指针"。接着，在关于党章的总纲中刘少奇就如何领会党的指导思想——毛泽东思想——进行了总结概括和系统说明。他分析了毛泽东思想产生的历史必然性，揭示了毛泽东思想的丰富内涵，强调毛泽东思想不仅是在中国人民长期革命斗争中生长和发展起来的，而且是在同党内各种错误思想的斗争中生长和发展起来的，并具体阐述了毛泽东思想的内容。党的七大通过的党章规定："中国共产党，以马克思列宁主义的理论与中国革命的实践之统一的思想——毛泽东思想，作为自己一切工作的指针，反对任何教条主义的或经验主义的偏向。"这样，毛泽东思想作为党的指导思想就确立起来了。

那么，第一个历史决议对毛泽东思想的确立发挥了什么作用呢？从字面上看，决议中没有明确使用"毛泽东思想"的概念，而是用"毛泽东同志的方针""毛泽东同志的路线""以毛泽东同志为代表的马克思列宁主义的思想"等来表述，但就其内容实质看，二者是相通的。借用语言学的说法，第一个历史决议和党的七大中虽然在"毛泽东思想"的描述——"能指"上不同，但"所指"是一致的。

第一个历史决议共七个部分，包括阐明以马克思列宁主义普遍真理和中国革命的具体实践相结合为自己一切工作的指针；对大革命时期、土地革命战争时期党内发生的问题进行分析并作出结论；对从1927年以来到遵义会议党内的"左"、右倾错误，特别是第三次"左"倾路线错误进行深刻分析批判；论述了党内"左"倾路线错误的表现、产生根源及危害；强调与错误思想的斗争要遵循从团结出发而又达到团结的原则；充分肯定中国共产党领导中国革命取得的伟大成绩和宝贵经验,高度评价毛泽东的杰出贡献及在全党确立毛泽东领导地位的重大意义等。

第一个历史决议在开篇就提出:"中国共产党自一九二一年产生以来,就以马克思列宁主义的普遍真理和中国革命的具体实践相结合为自己一切工作的指针,毛泽东同志关于中国革命的理论和实践便是此种结合的代表。"这与刘少奇对于毛泽东思想的表述——"以马克思列宁主义理论与中国革命实践之统一的思想",从实质上讲是一致的,已初步提出毛泽东思想的理论形态。

第一个历史决议有关毛泽东思想精神实质的论述主要体现在第四部分。这部分内容在具体论述中是以破、立结合的方式展开的,即一方面对党内"左"倾路线错误在政治上、军事上、组织上、思想上的表现及发展过程、主要内容、社会根源进行剖析批驳,另一方面从正面论述毛泽东的正确主张。不破不立,正是在对错误思想的批判中,凸显了毛泽东思想主张的正确。比如政治方面,在革命任务和阶级关系的问题上,不同于"左"倾路线的错误,毛泽东在大革命时期就不但指出中国反帝反封建的革命任务,而且指明其基本内容是农民的土地斗争,中国的资产阶级民主革命实质上就是农民革命,中国无产阶级在资产阶级民主革命中的基本任务是领导农民斗争。在土地革命时期,他的认识进一步发展丰富,形成了新民主主义的基本思想。而关于新民主主义的理论与政策,关于解放农民的理论与政策,正是党的七大上刘少奇阐述的毛泽东思想中的重要内容。同样,在政治方面关于革命战争和革命根据地的问题上,毛泽东关于武装斗争和以农民为主体的军队是中国革命的主要斗争形式和组织形式;中国可以而且必须建立武装的革命根据地,以为全国胜利的出发点;依靠农民游击战争而不是阵地战，在反革命统治薄弱的乡村首先建立、发展和巩固起来；创造红军，促进中国革命的高潮等问题的论述，与刘少奇关于毛泽东思想中革命战争的理论与政策、革命根据地的理论与政策的论述，也是相通的。其他如政治方面关于进攻和防御的策略指导，军事方面关于军事斗争的主要形式、正确的军事路线、战略方针，组织方面关于群众路线、民主集中制的论述，思想方面关于实事求是的思想路线等方面的内容，都与刘少奇关于毛泽东思想的论述相衔接，都证明"毛泽东同志所代表的我们党和全国广大人民的奋斗方向是完全正确的"，"毛泽东同志的路线的正确性"。这些都充分说明了毛泽东思想的正确性和真理性。

可以说，第一个历史决议使党和人民深刻认识了毛泽东思想的精神实质，为毛泽东思想的正式提出做了充分的理论准备，奠定了坚实的思想基础。更为重要的是，第一个历史决议及其之前的整风运动，通过对党的历史问题的深入学习和系统总结，深刻批判了主观主义和教条主义的错误，实现了思想认识上的高度统一。

毛泽东思想是革命战争时期以毛泽东为主要代表的中国共产党人，把马克思列宁主义基本原理同中国具体实际相结合，经过艰苦探索、付出巨大牺牲，对积累的一系列独创性经验进行理论概括而创立的，实现了马克思主义中国化的第一次历史性飞跃。

第一个历史决议所做的理论准备及党的七大对毛泽东思想指导地位的确立，这一过程给我们深刻启示：首先，必须坚持理论创新，不断推进马克思主义中国化。毛泽东坚决反对把马克思列宁主义书本上的某些个别字句看作现成的灵丹圣药，强调他们的学说是行动的指南，而不是僵化的教条。"马克思主义理论不是教条而是行动指南，必须随着实践发展而发展"，这是党百年奋斗的历史经验总结，也是确立毛泽东思想为我们党的指导思想的深刻启示。刘少奇在关于修改党章的报告中强调，使马克思主义中国化，就是说要用马克思主义的立场与方法来解决中国革命中的各种问题，特别是之前马克思主义者从来没有提出过与解决过的问题。第一个历史决议也强调：毛泽东将马克思列宁主义的科学理论，"创造地应用于中国这样的以农民为主要群众、以反帝反封建为直接任务而又地广人众、情况极复杂、斗争极困难的半封建半殖民地的大国"，并发展了马克思列宁主义。也正因此，党才领导人民取得了革命的胜利。

其次，进行理论创新，推进马克思主义中国化必须躬身实践。实践是发展的，理论也必须随之发展创新。理论的创新发展不是凭空出现的，正如毛泽东所指出的那样，"决不是少数人坐在房子里能够产生的"，它是在斗争中、在实践中产生的。因此，进行理论创新必须到实践中去。毛泽东曾风趣地说：要唤醒那些饱食终日，坐在机关里面打瞌睡，从不肯伸只脚到社会群众中去调查调查的人，要到斗争中去，到群众中去，到实践中去。新中国成立后，他结合自己的经验指出：解决社会主义时代出现的一系列新问题，如果不适应新的需要，写出新的著作，形成新的理论，单靠老祖宗是不行的。

最后，进行理论创新，必须不断总结实践中产生的新鲜经验。关于总结经验，毛泽东指出："什么事都需要经验，什么好的政策都是经验之总结。"他甚至说："善于总结经验，就是领导者的任务。"就毛泽东思想的形成来说，也是他关于实践经验的总结提炼。抗日战争时期他写成的《中国革命战争的战略问题》《论持久战》《新民主主义论》等著作,"都是革命经验的总结"。正是由于第一个历史决议及党的七大很好地总结了党成立以来24年的成功经验和失败教训,才为后来的发展指明了道路。

第二个历史决议与科学评价毛泽东思想

第二个历史决议的制定与对毛泽东、毛泽东思想的评价密不可分。本来,党的十一届三中全会作出改革开放决策后,按照邓小平的设想要紧紧抓住经济建设这个中心,团结一致向前看。所以,针对不少党员干部要求对新中国成立以来,特别是"文化大革命"期间党的工作进行系统总结的要求时,邓小平表示,"总要总结,但是不必匆忙去做"。并且认为"有些事要经过更长一点的时间才能充分理解和作出评价,那时再来说明这一段历史,可能会比我们今天说得更好"。

然而,社会上和党内围绕如何评价毛泽东、毛泽东思想问题的争论分歧,使邓小平认识到总结历史问题的紧迫性、必要性,特别是1979年9月29日叶剑英在庆祝中华人民共和国成立30周年大会上的讲话对新中国成立以来30年的经验教训作的初步总结受到党内外积极评价,邓小平改变了初衷。对新中国成立以来党的若干历史问题"在适当的时候,经过专门的会议,作出正式的总结"成为历史和现实的需要。这样,1979年10月中央审时度势,决定立即着手起草新中国成立以来党的若干历史问题的决议。

第二个历史决议最关键的问题是什么?邓小平明确指出:起

草历史决议的中心意思应该是三条，即确立毛泽东同志的历史地位，坚持和发展毛泽东思想；对新中国成立三十年来历史上的大事进行实事求是的分析，作出公正评价；对过去的事情做个基本的总结，宜粗不宜细。"其中最重要、最根本、最关键的还是第一条。"他还强调："不仅今天，而且今后，我们都要高举毛泽东思想的旗帜。"在决议起草过程中，1980年6月27日他召集中央负责同志谈对历史决议稿的意见，明确表达了对历史决议草稿中有关毛泽东、毛泽东思想论述的不满，认为决议草稿没有很好地体现出原来的设想，要求"要重新来"。并指出，在这个问题上不能让步。他甚至说，"如果不写或写不好这个部分，整个决议都不如不做"。

决议起草过程中为了形成共识、统一思想认识，起草组反复修改讨论、多方征求意见，中央也组织了党内4000人参加的讨论。针对讨论中出现的一些否定毛泽东、毛泽东思想的错误认识，邓小平旗帜鲜明地指出：毛泽东思想这个旗帜丢不得。

为更好地统一对毛泽东的评价和毛泽东思想的认识，做好历史决议工作，邓小平多次同中央负责同志和决议起草组的同志谈话，提出指导性意见。概括起来，主要包括这样几个方面的内容：

一是要将如何评价毛泽东、毛泽东思想作为政治问题看待。邓小平指出：如何评价毛泽东和毛泽东思想这个问题，"不是仅仅涉及毛泽东同志个人的问题，这同我们党、我们国家的整个历史是分不开的"，"这不只是个理论问题，尤其是个政治问题，是国际国内的很大的政治问题"。邓小平正是从政治的高度、全局的视野出发，引导大家科学评价毛泽东和毛泽东思想。

二是要把毛泽东晚年错误同毛泽东思想区别开来。邓小平指出,历史决议要把"重点放在毛泽东思想是什么、毛泽东同志正确的东西是什么这方面。错误的东西要批评,但是要很恰当"。他还明确指出:毛泽东同志的错误在于违反了他自己正确的东西。这就辩证地指出毛泽东思想和毛泽东个人的思想不是一回事,毛泽东晚年错误不能算作毛泽东思想的内容。后来,胡乔木在此基础上进一步提出"要把毛主席晚年这些思想行动上的错误同毛泽东思想加以区别",这样就比较透彻地把这个问题讲清楚了。

三是毛泽东思想是以毛泽东为代表的中国共产党人集体智慧的结晶,毛泽东晚年所犯的错误不能都算在他一个人头上。邓小平强调,过去的问题不能都算在毛泽东头上,有些问题的责任要由集体承担一些。"这个决议稿中多处提到我们党中央要承担责任,别的同志要承担点责任,恐怕这比较合乎实际。"他还认为:单单讲毛泽东本人的错误,并不能解决问题,关键是要建立好的制度,"过去一些制度不好,把他推向了反面"。

四是要看问题的主流和本质,毛泽东的功绩是第一位的。1981年5月19日邓小平在中央政治局扩大会议上讲话说:"中心是两个问题,一个是毛泽东同志的功绩是第一位,还是错误是第一位?第二,我们三十二年,特别是'文化大革命'前十年,成绩是主要的,还是错误是主要的?是漆黑一团,还是光明是主要的?"他指出:"毛泽东同志犯了错误,这是一个伟大的革命家犯错误,是一个伟大的马克思主义者犯错误。"后来,历史决议起草中根据陈云的意见,加写了新中国成立前28年党领导人民进行的新民主主义革命部分,使毛泽东的历史功绩更加丰富起来,比较好地解决了如何评价毛泽东和毛泽东思想的问题。

第二个历史决议中是如何评价毛泽东思想的呢？首先是通过对新中国成立前28年历史的回顾，得出了毛泽东思想是指导中国革命夺取胜利的先进理论，并强调"在党和人民集体奋斗中产生的毛泽东思想被公认为党的指导思想，这是中华人民共和国建国以前二十八年历史发展的必然结果"。其次是在对新中国成立32年历史的基本估计中，肯定"我们取得的成就还是主要的"，并强调社会主义革命和社会主义建设的巨大成就是"在马克思列宁主义、毛泽东思想指导下"取得的，"是党和人民创造性地运用马克思列宁主义的结果"。最后是在"毛泽东同志的历史地位和毛泽东思想"这部分中，科学地、客观地评价了毛泽东同志的历史地位和毛泽东思想，并首次将毛泽东思想活的灵魂概括为"实事求是，群众路线，独立自主"。决议强调坚持毛泽东思想必须认真学习和运用它的立场、观点和方法来研究实践中出现的新情况，解决新问题，既反对全面否定的做法，也反对教条主义的态度，以符合实际的新原理和新结论丰富和发展我们党的理论。

第二个历史决议对毛泽东思想的科学评价，给我们深刻启示：首先，毛泽东思想这面旗帜不能丢。历史决议制定过程中，如何评价毛泽东和毛泽东思想的问题成为国际国内观察中国要举什么旗、走什么路的风向标。所以，邓小平将这个问题作为政治问题来看待，多次强调毛泽东思想的旗帜不能丢。决议起草期间，在回答意大利记者奥琳埃娜·法拉奇关于"天安门上的毛主席像，是否要永远保留下去"的问题时，邓小平坚定地说：永远要保留下去。我们永远把他作为我们党和国家的缔造者来纪念。天安门上的毛主席像，已成为一个象征，这其中自然包含着我们党对毛泽东思想的态度。

其次，党的指导思想是党的集体智慧的结晶。在指导制定历史决议过程中，邓小平多次强调不能将毛泽东个人的思想认识尤其是他晚年在一些问题上的错误认识等同于毛泽东思想。历史决议中也指出毛泽东思想是在"党和人民集体奋斗中产生的"，"我们不应该把一切功劳归于革命的领袖们，但也不应该低估领袖们的重要作用。在党的许多杰出领袖中，毛泽东同志居于首要地位"；明确指出毛泽东思想"是中国共产党集体智慧的结晶"，"我们党许多卓越领导人对它的形成和发展都作出了重要贡献"。

最后，要以辩证唯物主义和历史唯物主义正确对待党的领导人和党的指导思想。第二个历史决议指出：因为毛泽东晚年错误就否认毛泽东思想的科学价值和指导作用的态度是完全错误的；对毛泽东的言论采取教条主义态度，以为他说过的话都是不可移易的真理，只能照抄照搬的态度也是完全错误的。正确的态度是什么呢？那就是用辩证唯物主义和历史唯物主义的观点看问题，善于运用毛泽东思想中蕴含的立场、观点和方法，指导我们的实践。

第三个历史决议与对毛泽东思想的继承和发展

第三个历史决议的制定充分体现了我们党在指导思想上既一脉相承，又接续发展的鲜明特质。对于决议的起草，习近平总书记明确提出对重大事件、重要会议、重要人物的评价要同党中央已有结论相衔接，这就为第三个历史决议的起草定下了原则基调。决议起草过程中征求意见的反馈情况也说明了第三个历史决议做到了"同党的历史文献既有论述和结论相衔接",又"体现了党的十八大以来党中央关于党的历史的新认识",贯通历史、现在、未来。这种"衔接""贯通",自然也体现于对毛泽东思想的论述上。

在第三个历史决议中,对于毛泽东思想的继承和发展,主要体现在"夺取新民主主义革命伟大胜利""完成社会主义革命和推进社会主义建设"两个发展阶段的论述,及其关于毛泽东思想的论述和评价上。

就对毛泽东思想的继承来说,体现为第三个历史决议在重大事件、重要会议、重要人物的评价上,保持了历史的延续性和一致性。比如,都强调毛泽东思想是马克思主义与中国革命具体实践相结合的产物,肯定了它对中国革命和建设发挥的重大指导作用。第三个历史决议指出:"毛泽东思想是马克思列宁主义在中国的创造性运用和发展,是被实践证明了的关于中国革命和建设的正确的理论原则和经验总结,是马克思主义中国化的第一次历史性飞跃。"对应于第二个历史决议中关于毛泽东思想活的灵魂的概括,第三个历史决议强调:毛泽东思想活的灵魂是贯穿于各个组成部分的立场、观点、方法,体现为实事求是、群众路线、独立自主三个基本方面。另外,在对毛泽东的评价上,第三个历史决议也沿用了第二个历史决议的辩证唯物主义和历史唯物主义的立场观点,既充分肯定了他对中国革命建设的巨大贡献,也指出了他晚年所犯的一些错误。

对毛泽东思想的继承还体现在关于历史经验的总结上。善于总结经验是我们党的优良传统。关于第三个历史决议的起草,习近平总书记强调要聚焦总结党的百年奋斗重大成就和历史经验。

按照"总结历史、把握规律、坚定信心、走向未来的要求",第三个历史决议将党百年奋斗的历史经验概括为十个方面。从内容实质上看,之前总结的党的三大作风、毛泽东思想活的灵魂等方面的内容,都已融入这十个方面历史经验中,是一脉相承的。

当然,第三个历史决议在继承毛泽东思想的同时也进行了丰富发展,体现了党的十八大以来"关于党的历史的新认识"。比如,关于革命胜利后马克思主义基本原理同中国具体实际要进行"第二次结合"的思想,是毛泽东1956年4月4日在讨论修改《关于无产阶级专政的历史经验》文稿时提出的,应该说这是探索我国社会主义建设的正确思想。对于这个问题,习近平总书记在纪念毛泽东同志120周年诞辰座谈会上的讲话中明确作了肯定,指出"他以苏联的经验教训为鉴戒,提出要创造新的理论、写出新的著作,把马克思列宁主义基本原理同中国实际进行'第二次结合',找出在中国进行社会主义革命和建设的正确道路"。第三个历史决议吸收了这一新的认识和评价,并体现于决议之中,认为"第二次结合"是对毛泽东思想的丰富和发展,"提出关于社会主义建设的一系列重要思想"。

第三个历史决议对毛泽东思想的继承和发展,给我们深刻启示:党的指导思想是一脉相承、不断发展的有机整体,不能割裂开来,更不能相互否定。关于马克思主义中国化,第三个历史决议提出我们党百年奋斗历程中实现了三次飞跃,这三次飞跃是递进发展的有机整体。我们的革命、建设、改革,是接续奋斗的历史过程,是救国、兴国、强国,进而实现中华民族伟大复兴的完整事业。党的十八大以来我们所做的一切工作,就是要把我们几代共产党人开创和发展的伟大事业坚持好、发展好。就党的指导思想来说，这表明科学社会主义基本原则不能丢，同时又要根据新的实践不断推动理论创新。

理论创新发展的目的是解决实际问题，要作为我们行动的指南，而不能成为书斋中的学问，更不能束之高阁。习近平总书记指出："马克思主义之所以行，就在于党不断推进马克思主义中国化时代化并用以指导实践。"这就点明了马克思主义理论创新的实践性特征。党的十八大以来，习近平总书记正是在对关系党和国家事业发展的一系列重大理论和实践问题的思考和判断中，提出一系列原创性的治国理政新理念新思想新战略，推动马克思主义中国化实现新的飞跃的。

就如何评价历史人物，习近平总书记在纪念毛泽东同志120周年诞辰座谈会上的讲话中提出了"六个不能"的标准，这当是我们评价毛泽东的正确态度和方法。对于毛泽东思想，习近平总书记也指出：要坚持运用贯穿于毛泽东思想活的灵魂的立场、观点、方法，特别是实事求是、群众路线、独立自主，"把我们党建设好，把中国特色社会主义伟大事业继续推向前进"。这也是我们对待毛泽东思想的正确态度和方法。党的三个历史决议中关于毛泽东思想的论述，正是我们党用辩证唯物主义和历史唯物主义评价党的领袖人物、推动党的理论创新的典范。

（樊宪雷撰写）

后　记

这本小书所收文章，都由中央党史和文献研究院"理论中国网"编辑部在"理论中国"公众号上以各种方式陆续发表过。

理论中国网是中央党史和文献研究院主管主办的多语种外宣网站；与此相应，理论中国网编辑部主办了"理论中国"公众号，依托中央党史和文献研究院，以开放的视野观察世界，原创性地讲述马克思主义中国化的那些人和事，带国内外读者了解中共历史和理论，走近当代中国。在讲述中国故事、党的故事、领袖故事等方面，有一定的权威性。参与编写这本书的作者和编者，是抱着严肃认真的态度和专业化的水平开展工作的。

本书各章节的撰稿作者有（按姓氏笔画为序）：

冯蕙　吕臻　闫笑岩　严书翰　李丽　李雨檬　李彦　杨明伟　邹卫韶　张素华　张清华　陈晋　罗炯　周炳钦　唐洲雁　唐筱菊　曹前发　崔友平　雷侃　樊宪雷

参与研究讨论和提出意见的智库团队成员是：

杨明伟　唐筱菊　李平　刘强　翟亚柳　樊宪雷　桑月鹏　梁晨　罗炯　鲍传健　冯潇然　庞娟　张国华　詹珩　于志辉　陈鹤　张文镝　王续堃　董文墨　谢光远　施梦　袁昕　赵晨旭　纪文娟　徐帜　云巳茹　杜金玲　石玉惠　倪富增　宋雨洲

全书由杨明伟策划选题、设计框架并对每一篇文章做出编改;翟亚柳协助做了编校工作;赵晨旭、杜金玲、石玉惠、倪富增、云巳茹参与了资料和照片的收集整理工作。

研究毛泽东和传播毛泽东思想,还有许多需要做的工作,也还有许多有待探索深化的空间;研究并介绍中国共产党的历史和理论,更有许多我们主观和客观上的不足。因此,本书不妥甚至错漏之处在所难免,恳请广大读者批评指正!

理论中国编辑部

2023年3月3日